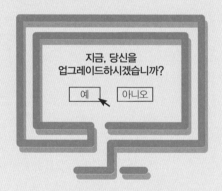

지금, 당신을
업그레이드하시겠습니까?

예   아니오

업글 인간

업글
인간

김민지 지음

지식인하우스

업글 인간의 탄생

'업글 인간'이란 성공보다 성장을 추구하는 자기 계발형 인간으로, 타인과의 경쟁보다는 어제보다 나아진 자신을 만드는 데에 중점을 두는 이들을 뜻한다. 그러나 정작 직장 생활을 하다 보면 "성장은 무슨! 회사 생활만으로 지쳐서 뭘 할 수가 없어!"라고 말하게 된다. 물론 회사 생활은 녹록치 않다. 하지만 관점을 바꾸면 직장이야말로 나를 업그레이드해 주는 고마운 곳이다.

직장 생활은 일과 돈의 생태계를 이해하게 해 줄 경험이고, 사회 생활을 연습하는 공간이며, 돈을 모으는 기간이다. 회사 생활을 잘만 활용하면 회사라는 울타리 안에서도 여러 가지 도전을 할 수 있고 능력을 계속 업그레이드하는 사람이 될 수 있다. '업글 인간'은 이렇게 탄생한다.

돈 때문에 그만두지 못하는 생계형 직장인이라 하더라도 직장 생활에서 스스로 성장해 나가는 충족감(Self-Fulfillment)을 느끼는 것이 가장 근본적인 욕구(Needs)라 볼 수 있다. 현재 직장에서 정체되어 있는 것 같다면, 뭘 배운 건지 모르겠다면, 뭐부터 해야 할지 막막하다면, 나를 한 단계 성장시킬 시간이 됐다는 증거다.

예전의 나는 불만만 많던 평범한 중견 기업 직장인이었다. 하지만 일상에서 성장을 추구하기 시작하면서부터 떨어져 있던 자존감을 끌어올렸고, 업무 성과를 높였으며, 업무를 통한 충족감도 느끼게 되었다. 커리어를 발전시켜 대기업으로 이직했고 회사를 그만두더라도 자립할 수 있다는 자신감도 갖게 되었다. 결코 내가 잘나서가 아니다. 다른 사람들이 고민만 하고 있을 때 사소한 생각의 전환과 실천을 한 덕분이다.

직장 밖은 냉정한 세계다. '회사는 나와 안 맞는 옷'이라고 대책 없이 옷을 벗어 버렸다가 추위에 고생하며 후회하지 말아야 한다. 밖에는 안 맞는 그 옷 하나라도 입고 싶어서 줄 서 있는 사람들이 수두룩하다. 월급의 노예라고 자신을 비하하지 말자. 그 월급 덕분에 지금 내가 먹고, 자고, 입고 있으며 일하지 않는 시간에 쉴 수 있다. 의식주가 해결되어야 그 다음 단계를 추구할 수 있다. 그러니 출근해서는 직장인으로서 충실하고, 퇴근 후와 주말에는 하고 싶은 대로 시간을 보내며 직장인의 특권을 누리자. 내 사업이나 프리랜서를 하게 되면 일과 삶의 구분이 없어진다.

뭔가 의미 있는 일을 하고 싶은데 그게 무엇인지는 잘 모르겠고, 이 직장에선 아무런 의미를 느끼기 힘들다고 말하는 이들이 많다. 나도 그랬다. 하지만 직장은 개인이 자아실현을 하라고 있는 무대가 아니다. 그러나 개인이 할 수 있는 것과 할 수 없는 것을 명확히 인지하고 실현 가능한 꿈을 추구한다면 회사를 통해 자아실현을 할 수도 있다.

회사는 이윤을 추구하는 조직이기에 돈을 벌 수 있는 나름의 시스템이 이미 구축되어 있고 그 구조 속에서 일개 직원이 만들어 낼 수 있는 변화에는 한계가 있다. 그러므로 회사 안에서 내가 할 수 있는 역할을 파악하여 어떻게 성장하고 싶은지 커리어 골을 정하고 회사를 최대한 활용하는 것이 현명하다. 회사가 주는 수많은 혜택을 최대한 활용하며 회사가 필요로 하는 인재의 역할에 충실하되 회사 안에서 이루기 힘든 부분은 주말에 실현하며 삶의 밸런스를 추구하면 된다.

물론 직장 생활은 힘든 순간이 많고 일상에서 업그레이드해 나가는 느낌을 받기는 쉽지 않다. 그러나 동트기 전이 가장 어둡고, 병아리는 달걀을 스스로 깨고 나와야만 한다는 말이 있지 않은가. 뻔하게 들리겠지만 지금의 힘든 순간이 결국 성장의 밑거름이 된다는 사실을 잊지 말자. 인생에 고통이 없기를 바라는 건 맛있는 음식에 칼로리가 없기를 바라는 것과 같다.

더불어 업그레이드가 꼭 겉으로 보이는 스펙이나 성공의 측면이 아님을 명심하자. 컴퓨터 업그레이드에도 하드웨어(부품)와 소프트웨어(프로그램) 두 종류가 있다. 사람이 할 수 있는 업그레이드도 두 가지로 나눠 볼 수 있다. 하드웨어처럼 겉으로 보이는 '경력, 자격증, 점수 등의 스펙'이 있고, 소프트웨어처럼 컴퓨터를 켜고 난 뒤에 영향을 미치는 '바이러스의 공격에 대응할 수 있는 면역력, 회복탄력성,

자존감, 유연성, 사회성 등의 역량'이 있다. 사람에게 하드웨어적인 측면은 자격을 얻기 위한 수단일 뿐이다. 일상의 행복과 만족도, 관계, 실제 업무 실력 등에는 소프트웨어적인 측면의 업그레이드가 훨씬 중요하다.

소프트웨어는 수시로 '업데이트'가 필요하다. 업데이트는 업그레이드에 비해 결과상 더 미묘한 차이다 보니 더 번거롭게 느껴진다. 그러나 제때 업데이트를 안 해 주면 작동이 멈추거나 느려지는 등 불편함이 따른다. 우리도 사소한 일상을 발전적인 방향으로 업데이트를 해 가며 새로운 외부 바이러스로부터 나를 보호할 수 있는 체력과 역량을 키워 두자. 기회는 누구에게나 오지만 준비가 되어있는 자만이 그 기회를 잡을 수 있다. 이 책과 함께 업데이트와 업그레이드를 실천하며 성장해 나가는 재미를 느껴 보길 바란다.

차례
—

Chapter 1   **직장에서 살아남는 업글 인간의 기술**

Unique   유일무이한 '내 자리' 만드는 법

Chapter 2

Potential

직장에서 **가능성을 키우는 업글 인간의 기술**

포텐 터지는 신입 되는 법

Chapter 3

Growth

직장에서 **성장력을 높이는 업글 인간의 기술**

성장의 필수 조건 멘탈 트레이닝

Chapter 4

Relationship

직장에서 적을 만들지 않는 업글 인간의 기술

사회생활을 판가름 짓는 인간관계

Chapter 5

Ability

직장에서 인정받는 업글 인간의 기술

잠재력을 깨우는 치트키

Chapter 6

Direction

직장에서 길을 찾는 업글 인간의 기술
목적 있는 커리어 관리법

Chapter 7

Explore

직장에서 승리하는 업글 인간의 기술
분석을 발전으로 연결시키는 비법

Chapter 1

Unique

직장에서 살아남는 업글 인간의 기술

유일무이한
'내 자리' 만드는 법

직장인 민지의 일기

자신을 잃어 가는 너에게

"넌 돈 벌면 옷 좀 사 입어. 싼 옷만 입냐?"

오늘도 또라이 선배가 막말을 던졌다.
자존감이 바닥을 친 지는 오래. 출근하는 게 너무 괴롭다.

그냥 출근길에 차 사고가 나서 몇 달 입원했으면,
회사에 안 가도 되면 좋겠다는 생각이 들 뿐이다.

퇴근 후에도 불쾌한 기억이 사라지지 않는다.
심지어 휴가 중에도 선배의 막말이 머릿속을 맴돈다.

확 때려치우고 싶다는 생각을 한 순간 날아온 문자.
「카드 값 결제 예정일은 27일입니다.」

이렇게 살다 보니 점점 나를 잃어 가는 것 같다.

이젠 내가 뭘 하고 싶은지조차 모르겠다.

그냥 아무 생각 없이 푹 쉬고 싶을 뿐.

대학원에 갈까 해외로 떠날까 고민도 해 보지만

미래가 보장된 것도 아니고, 이미 월급의 노예가 되었다.

어쩌다 이렇게 뒤죽박죽이 되어 버린 걸까?

내 인생을 이렇게 둬도 괜찮은 걸까.

학생 때 열심히 살았는데, 결국 이렇게 살기 위해서였나?

그만둘 용기도 없는데 나중에 후회하지 않을까?

나는 어떻게 살아야 하지?

회사에 다닐수록 답을 더 모르겠다.

너의 길을 가꾸어 봐

직장 생활… 많이 힘들지?
너는 지금 인생에서 정말 중요한 시기를 보내고 있는 거야.
회사를 통해 돈을 모으고 경력을 쌓으며,
스스로를 파악하고 자신의 미래를 준비하는 시기거든.

학교생활을 바탕으로 졸업 후가 정해졌듯이
직장 생활도 퇴사 후가 정해지는 준비 기간이라고 생각하자.
너의 퇴사 후를 준비하는 인생 마지막 학교라고.
회사를 행복하게 졸업하기 위해 하나씩 준비하고 있는 거라고.

회사에서의 불쾌한 일이 퇴근 후까지 계속 떠오르는 이유는
네 에너지를 집중할 대안을 못 찾았기 때문이 아닐까?
구체적으로 네가 어떤 자극을 받을 때 기분이 좋은지
자신에 대해 깊게 탐구해야 해.

지도와 나침반이 있어야 목적지에 찾아갈 수 있잖아.
방향이 없다면 노를 열심히 저어도 제자리걸음이 될 수 있어.
인생에서 중요한 건 목적이 아니라 과정이라지만,
그것 또한 의미와 방향성이 있을 때 더 만족스러워질 거야.

월급 통장의 돈이 카드 값, 공과금 등에 자동 이체되듯이
시간 통장도 어떤 활동으로 자동 이체할지 미리 정해 두자.
안 그러면 나도 모르는 사이에 시간이 흘러가 버릴 테니까.

회사를 '젊음을 바치고 돈을 받는 곳'이라고 정의하는 순간
회사에서 얻을 수 있는 것은 월급 외엔 없게 될 거야.

회사를 '원하는 삶을 향해 탐구하는 공간'이라고 정의하면
일을 대할 때, 사람을 대할 때 얻을 수 있는 것이 많아져.

네가 경험한 내용을 인생의 콘텐츠로 만들어 봐.
힘든 상황도 나중엔 웃으며 말할 수 있는 에피소드가 되더라.
자기 발견 노트부터, 지금 바로 시작해 봐.

성공보다 발전을 꾀하는 '성장형 인간'

많은 이들이 회사는 학교가 아니라고 말한다. 하지만 회사에서 버티는 힘을 기르고 싶다면 오히려 학교처럼 생각하는 편이 낫다. 회사를 '향후 독립을 준비하는 자립 준비 학교'이자 인생의 마지막 학교라고 생각하자. 직장 생활은 돈과 일의 생태계를 이해하는 경험이고, 사회 생활을 연습하는 공간이며, 자금을 모으는 시간이다. 그렇기에 회사를 잘만 활용하면 우리는 회사라는 울타리 안에서도 여러 가지 도전을 할 수 있으며 능력의 레벨을 계속 업그레이드하는 '업글 인간'이될 수 있다.

우선 근무 연차를 학교와 같은 개념으로 생각해 보자. 입사 5년 차라면 초등학교 5학년, 9년 차라면 중학교 3학년, 11년 차면 고등학교 2학년인 것이다. 같은 업무를 몇 년 반복하다 보면 자신이 회사 일을 다 할 줄 알고 전부 파악하고 있는 것처럼 여겨진다. 하지만 시간이 조금 더 지난 후에는 그동안 몰랐던 측면을 새롭게 알게 된다. 이처럼 회사를 자립 준비 학교라고 보는 관점을 가지고 임하면 '앞으로도 더 배울 게 많이 남았겠구나.'라고 생각할 수 있고, 뭐라도 더 배워 나가자는 태도를 갖게 된다.

다만 근무 연차는 학력처럼 무조건 채우기만 한다고 도움 되는 건 아니다. 가장 중요한 것은 퇴사 후에 아쉬움이 남지 않도록, 또 회사 안에 있을 때보다 더 큰 경제적, 정신적 만족을 얻을 수 있도록 철저하게 준비하는 것이다.

만약 내가 학교를 다녔던 그 시간에 공부 대신 다른 걸 했다면 더 성장하고 행복했을까? 나의 학창 시절은 결코 행복하지 않았지만 그 시간에 학교가 아닌 집에 있었더라도 더 성숙하거나 행복해졌을 것 같진 않다. 만약 어릴 때 해외를 다니며 다양한 기회를 자주 접했다면 좋았겠지만 대부분의 집이 그렇듯 먹고살기 바빠 그런 기회를 얻기는 쉽지 않았다.

마찬가지로 퇴직 후를 차근차근 준비하지 않은 채 갑자기 회사를 그만두게 된다면 계속 회사에 다니는 것보다 더 행복한 여생을 만들 수 있을까? 그렇지 않은 사례가 더 흔하다. 그러니 미리미리 퇴사 후를 준비해야 한다. 지금 이 순간의 만족보다는 한평생의 행복이 더 중요하니까.

또한 전공을 살려서 박사 학위를 따고 교수가 되는 경우는 극히 드문 것처럼, 회사도 정년까지 다닐 수 있는 평생직장인 곳은 드물다. 그럴수록 당장 다니고 있는 회사를 현명하게 활용하며 성장하고 퇴사 이후를 준비해야 한다.

학생일 때는 국제 중학교나 특목고, 소위 'SKY' 대학에 가는 친구들을 부러워한다. 마찬가지로 직장인도 연봉이 높은 친구들이나 대기업에 다니는 친구들을 부러워하게 되는 시기가 있다. 하지만 일반 학교를 다닌다고 해서 학창 시절이 무의미하고 소용없는 게 아닌 것처럼, 우리의 지금도 무의미하지 않다. 일 자체에서 큰 의미를 찾으려 하지 말자. 그보단 회사를 다니며 더 성장하고 인생을 원하는 방향으로 이끌어 가는 것에 집중해 보자. 그러면 더 만족스러운 직장 생활을 꾸려 나갈 수 있다.

100세 인생에서 초중고 학창 시절이 총 12년이니, 직장 생활도 12년 내외로 하는 걸 목표로 삼아 보자. 그 정도 기간이면 종잣돈도 어느 정도 모을 수 있을뿐더러 회사 안에서 리더로 성장할지, 해당 분야의 전문가가 될지, 비전이 있는지 없는지 어느 정도 갈피가 잡히는 기간이기도 하다. 그리고 그 뒤 남은 생은 회사를 더 다니든, 사업을 하든, 프리랜서로 살든, 그동안 벌어 둔 돈으로 더 이상 일하지 않고 살든 자신이 원하는 대로 해 보는 게 어떨까. 인생에서 정말 원하는 길을 걷기 위해 스스로의 비전과 로드맵을 만드는 힌트를 찾아가며 직장 생활을 해 보자.

학창 시절에는 중간고사 수학 성적, 친구와의 다툼 하나하나가 인생의 전부인 것처럼 느끼곤 했지만 지나고 보면 결국 아무것도 아니었던 것처럼, 지금 중요하게 생각하는 동료들과의 경쟁, 약간의 월급 인상률은 인생 전체로 봤을 때 전혀 중요한 것이 아니다. 당신이 지금 하루하루를 어떤 관점으로 바라보느냐에 따라 퇴사 후의 삶에 많은 영향을 끼친다.

순간의 감정에 휩쓸려서 물 흐르듯 삶을 흘려보내면, 나중에는 삶이 원하지 않던 곳으로 흘러가 버릴 수 있다. 생각하는 대로 살지 않으면 사는 대로 생각하게 된다. 물론 인생이 생각대로만 되는 것은 아니지만, 적어도 자신이 원하는 가치관을 중심으로 삶을 만들어 가는 것이 어떨까. 어차피 해야 하는 게임이라면, 자신이 좋아하는 장르의 좋아하는 캐릭터를 골라서 게임을 해야 아쉬움이 적지 않을까?

만족도를 높이는 기대치 설정의 공식

어떤 일이든 만족도는 기대와 실제 경험의 차이로 결정된다. 직장 생활에서 자신이 원하는 기대치를 구체적으로 정해 둔다면 그에 맞는 경험을 찾아 행동하며 만족도를 높일 수 있다.

기대 − 실제 = 만족도

맛집을 찾을 때의 기대에도 여러 가지 측면이 있다. 음식의 맛, 음식의 비주얼, 가게 인테리어, 음악, 종업원의 친절도, 외모 등. 맛의 종류만 해도 매운맛, 단맛부터 푹 퍼진 식감, 꼬들꼬들한 식감 등 어마어마하게 다양하다. 그냥 '괜찮은 맛집'이라는 추상적인 기준으로 추천을 받아서 갔다가 자신이 기대하던 바와 달라 실망스러웠던 경험이 누구나 한 번쯤은 있을 것이다. 하지만 추천해 준 이가 당신에게 일부러 엉망인 맛집을 소개해 준 건 아닐 것이다. 그저 그와 당신이 서로 다른 기준을 가지고 있을 뿐이다.

직장 생활도 마찬가지다. 왠지 모르게 불만족스러운 느낌이 유지된다면 자신이 기대하는 측면이 충족되지 않고 있는 건 아닌지 점검이 필요하다. 인생에서, 또 직장 생활에서 자신을 만족시키는 요소가 무엇인지 치밀하게 세분화해 봐야 한다.

직장 생활에서 중요시하는 기대치의 예시는 아래와 같다.

돈 (연봉, 성과급, 추가 근무 수당), 워라밸 (정시 퇴근, 유연 근무제), 복지 (육아 휴직/병가, 연차, 사내 시설, 건강 검진), 사람 (인맥, 배울 게 많은 사람), 성장 (업무 성과, 업무 역량, 전문성, 빠른 승진, 명예), 안정성 (정년퇴직까지 다닐 수 있는 안정성, 밀리지 않는 월급, 쉽게 해고하지 않는 문화), 명예 (직급, 기업 네임 밸류) 등

너무 비현실적인 희망 사항보단 현실 가능한 기대치를 리스트업해 보자. 물론 경험도 없이 기준을 세우는 건 쉬운 일이 아니다. 하지만 적어도 '이거 하나만큼은 충족되어야 내 만족도가 올라간다.'는 요소를 명확하게 해 두면, 그걸 보면서 버틸 수 있는 힘이 생긴다.

참고로 내게도 입사를 할 때 가장 중요시했던 기준이 있다. 그것은 아래와 같다.

1) 3~5년 뒤 유학을 떠나기 위한 논문 주제가 있는 회사
2) 유학을 가기 위해 돈을 모아야 하니 연봉이 높은 곳

운이 좋게도 1순위까진 아니었지만 저 조건과 맞는 곳에 입사를

할 수 있었다. 사실 신입 사원 시절에는 야근과 회식이 너무 많아 시급으로 따지면 최저 임금 수준이라고 생각하기도 했고, 딱 3년만 버티자는 생각도 했었다. 어찌 됐건 나의 기대 가치 중 핵심이 되는 두 가지가 충족되어 있었기 때문에 버틸 수 있는 원동력이 되었다.

한편 회사를 다니면서 기대 가치가 바뀐 적도 있었다. 회사가 지루해질 때쯤 다른 곳에 집중하며 정신 건강을 유지하기도 했다. 커리어 관리를 위해 팀을 옮기기도 했고, 그래도 정체되었다고 느낄 때는 아예 이직을 했다. 이처럼 기대 가치는 직장 생활을 하며 시기마다 계속 변한다.

그러니 더 버틸 수 있게, 더 만족하기 위해 자신만의 기대치를 명확히 해 보자. 주위의 선배나 친구들은 어떤 기대를 가지고 지내는지 물어보고, 과거를 돌아보며 자신의 기질과 성향을 파악하다 보면 중요한 가치를 고르는 데 도움이 된다.

우선순위를 정하기 위한
플랜 B 설정

죽기 전에 당신의 삶이 어땠다고 말하고 싶은가? 어떤 사람으로 기억되고 싶은가? 성공적인 직장 생활은 무엇일까? 대기업 취업? 높은 연봉? 안정성? 빠른 승진? 임원? 설령 직장 생활에 성공한다 하더라도 그것은 결코 삶의 행복을 보장해 주진 못한다.

목표만 바라보며 과정을 무시해선 안 된다. 그 과정이 더 큰 의미를 갖기 위해서는 인생의 우선순위를 도출하는 것이 중요하다. 인생에서 놓치고 싶지 않은, 자신이 궁극적으로 추구하는 가치를 정해 두자. 그래야 바람 부는 대로 흩날리지 않고 방향을 잡을 수 있다. 우선순위에 맞춰 인생의 방향을 계획하는 것이다. 다음의 예시와 사례들을 보며 삶의 우선순위 후보를 고르고, 정기적으로 조정해 나가는 작업을 하자.

후배 양성, 가족, 건강, 공동체 기여, 능력, 도전, 독서, 돈, 맛있는 음식, 원하는 대로 살기, 봉사, 부업, 사랑, 사회 발전, 사회적 지위, 새로운 경험, 성장, 신앙, 여유, 여행, 예술, 운동, 인기, 자기계발, 창조, 취미, 친구, 편안함, 학문적 성과, 학습, 한계 깨기, 휴식

이 중에 돈을 우선순위로 두는 이들이 많다. 돈을 많이 벌기 위해 연봉을 높이고자 회사 일에 열중하는 유형도 있고, 회사에선 답이 없으니 투자에 전념하거나 부업을 하는 이들도 있다. 한편 돈은 기본만 있으면 된다고 보는 이들도 있다. 경제적으로 부족하지 않은 정도로만 살아도 된다면, 불편하지 않을 최소 한 달 생활비를 계산해 보자. 그러면 '월 200만 원이면 충분하다, 더 많은 돈을 벌기 위해 시간을 빼앗기지는 말자.'는 식으로 기준을 세울 수 있다.

그 뒤에는 생각해 둔 금액을 노후까지 벌기 위한 최소한의 밥벌이 수단을 찾아서 플랜 B를 세워 본다. 예를 들어 '이 회사를 그만두고 상황이 좋지 않아 아르바이트를 하더라도 주 40시간 일하면 월 180만 원을 벌 수 있고, 부업까지 하면 총 월 210만 원 정도는 벌 수 있겠구나.'라는 플랜 B를 생각해 두는 것만으로도 직장 생활의 압박감이 덜 힘들게 느껴질 수 있다. 만약 죽을 것처럼 힘들게 일하며 월 300만 원을 버는 것 대신 일을 그만둔 다음 정신적 압박감을 떨쳐 내고 월 210만 원을 벌 수 있다면? 이렇게 플랜 B를 구상해 본 것만으로 마음을 조금 내려놓을 수 있고, 영 아니면 그만둬도 된다는 생각에 덜 힘들어질 수 있다.

한편 회사는 '스스로 성장하기 위한 수단'이라는 면을 중시하는 이들도 있다. 도전적인 업무를 추구하고, 현재 회사에서 더 이상 배울 게 없다는 생각이 들면 이직하거나 회사를 차리곤 한다. 단순히 돈을 더 번다는 것을 넘어서, 지속적으로 뭔가를 배우거나 성장해야만 직성이 풀리는 유형이다.

　개인적으로 내 인생에서 가장 중요한 것은 가족이지만, 가족만으로는 인생이 완전히 만족스럽지 않다는 것을 잘 안다. '엄마 김민지'로만 삶을 산다면 채워지지 않을 측면 때문에 욕구 불만이 될지도 모른다. 그래서 삶의 1순위인 가족, 2순위인 능력과 성장, 3순위인 돈과 안정성의 측면을 고르고 탄탄하게 만들어 가고자 노력 중이다.

　불행하게 살지 않기 위해서는 돈이 필요하고, 돈을 벌기 위해선 커리어가 중요하다. 그래서 계속 직장을 다니며 소득을 얻고 돈 관리를 하는 중이다. 하지만 돈이 1순위는 아니기에 더 많이 벌려고 야근을 자처하거나 연봉을 높이기 위한 별도의 작업을 하지는 않는다. 한편 유튜브, 책 집필을 통해 얻을 수 있는 '재능과 경험을 발전시키는 성취감, 누군가를 도와줄 수 있다는 보람, 스스로가 쓸모 있다는 느낌'을 좋아한다. 이 또한 나에게는 능력으로 분류된다.

　결론적으로 나는 죽기 전에 주변에 도움이 되는 삶을 살았다는 느낌을 받고 싶으면서도, 사는 동안에는 돈이 부족해서 불편함을 느낀다거나 괴로워하며 살고 싶지는 않다. 적당히 행복하게 지내면서 남들에게 기여할 수 있는 삶을 찾다 보니 지금처럼 직업을 가진 채 창작 활동을 하는 인생을 살고 있다.

이처럼 인생의 우선순위를 정하고 나면 자신이 직접 결정한 것이기 때문에 스트레스를 적게 받으며, 있는 그대로 받아들일 수 있다. 그리고 지금의 생활 패턴이 인생의 우선순위에 적합한지 점검할 수도 있고, 이번 달에 설정한 목표나 작은 성취들을 이루어 나갈 수 있게 도와준다.

또한 우선순위가 낮은 측면에 대해서는 빠르게 미련을 버리고 선택과 집중을 할 수 있다. 다만 인생의 우선순위는 시간이 지나며 당연스레 변하는 것이기 때문에, 완벽한 우선순위를 정하고자 선택을 유보하지는 말자.

우선순위에서 어떤 가치가 맞다, 옳다, 바람직하다는 기준은 없다. 취향과 가치관의 차이일 뿐이다. 본인이 원하는 스타일로 자신의 시

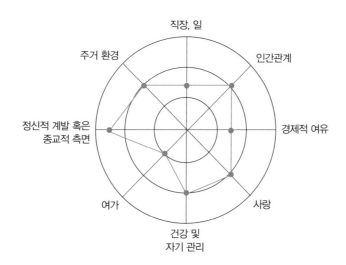

간을 채우기 위해 '인생의 시간 통장'을 어디에 쓸지 '통장 개설' 및 '자동 이체'를 걸어 두는 과정이라고 생각하자. 월급이 들어오면 카드 값이 먼저 빠져나가듯, 자신의 시간을 어느 통장부터 빼가게 할지를 정하는 것이다. 결국 인생을 돌아봤을 때 어떤 통장에 돈이 차 있어야 후회가 덜할지 수없이 고민하고, 기준을 계속 만들어 가자.

마지막으로 인생의 우선순위들 중에서도 1, 2, 3순위를 나눠 보자. 인생의 바퀴가 하나에만 편향되지 않게끔 고르고 탄탄하게, 조화롭게 굴러가고 있는지도 점검해 보자.

생계형 직장인과
워라밸의 사이에서

현재의 워라밸(Work & Life Balance)보다 중요한 것이 남은 인생 전체의 밸런스 아닐까. 물론 현재가 행복해야 미래도 행복하겠지만, 지금당장의 정시 퇴근보단 '자신의 인생에서 어느 정도의 일을 어떻게 하고 싶은가, 30대는 어떻게 살고 싶고, 40대는 어찌 보내고 싶은가?'를 바라보는 워라밸이 더 중요하다. 특히 빨리 은퇴를 하고 여유로운삶을 보내고 싶은지, 은퇴 후에도 일을 하고 싶은지에 따라 일의 기간과 강약, 집중도를 구상해 보자.

물론 "먹고살기도 힘들고 당장 회사 때려치우고 싶은데 무슨 장기적인 관점이냐?"라고 하는 사람들도 많을 것이다. 하지만 지금 당장만 생각하면 힘든 시기가 계속 반복될 수 있다. 그럴 때일수록 더 멀리 바라봐야 현명한 선택을 통해 나은 방향으로 나아갈 수 있다. 조기 퇴사 이후 여유로운 노후를 보내고 싶다면 젊을 때 바짝 벌어 두는 것이 현명한 선택이고, 오랫동안 일하고 싶다면 퇴사 후에도 일할 수 있는 역량을 미리 키워 놔야 할 것이다.

요즘은 정시 퇴근을 중시하는 분위기가 커지면서 퇴근 후 시간을 활용해 자기계발을 하는 이들도 덩달아 많아졌다. 취미 생활, 자격증, 어학 공부 등의 활동을 하며 저녁 시간을 보낸다. 이들은 현재의 삶을 풍요롭게 하는 것과 동시에 미래에 더 집중적으로 할 수 있는 후보들을 테스트하기도 한다.

살기 참 피곤하다고 생각할 수 있다. 하지만 '인생의 워라밸'을 무시하기 어려운 이유는 두 가지 측면이 있다. 하나는 생존의 측면으로, 지독한 경쟁으로 인해 부자가 되기는커녕 일자리조차 구하기 어려워진 사회 구조 때문이다. 나이 든 후 최소한의 기본 의식주를 걱정하지 않으려면 스스로를 지킬 수 있는 돈이나 능력을 갖추어 두어야 고생을 하지 않을 수 있다. 또 하나는 자아실현의 측면으로, 자신의 발전과 성취 욕구를 충족시키지 않으면 나중에 자괴감, 상대적 박탈감을 느끼게 될 수 있다.

만약 당신이 이런 이유들로부터 자유롭다면 굳이 장기적인 워라밸까지는 신경 쓰지 않아도 되겠다. 하지만 생계형 직장인이고, 권태로움을 느끼기 쉬운 성향이라면 미리미리 준비하는 것을 추천한다.

많은 이들이 'YOLO(You Only Live Once)'를 '인생은 한 번뿐이니 지금 하고픈 대로 살자.'라는 의미로 해석한다. 하지만 이것을 있는 그대로만 해석하면 산은 보지 못하고 나무만 보는 꼴이 된다. 'YOLO'를 '인생은 한 번뿐이니 더 값지게 살자.'고 해석하면 인생의 깊이와 방향성, 다채로움을 함께 가져갈 수 있다.

새로운 나를 만나는 카테고라이징, 자기 발견 노트

인생은 나 자신을 발견해 나가는 과정이다. 특히 안 해 본 경험을 할 때 자신에 대해 더 잘 알게 된다. 그런 인생을 당연하고 익숙하게만 흘려보내기엔 너무 아깝지 않을까? 이젠 '자기 발견 노트'를 통해 나에 대해 새롭게 알게 된 사실들을 기록해 보자. 마치 자신이 주인공인 소설을 쓰는 것처럼 스스로를 세심하게 관찰해 보자. 관심을 가져야, 발견을 할 수 있다.

이왕 직장 생활을 시작했으니, 회사를 활용해서 자신을 발견해 보는 건 어떨까? 회사에서의 업무 하나하나, 사람 한 명 한 명을 대하는 자신을 보며 '아, 나는 이런 상황에선 이렇게 느끼는구나.'라고 하나씩 발견해 나가는 재미를 찾아보자.

기록은 짧아도 괜찮다. 다만 회사에 대한 부분이라도 일에 대한 카테고리와 사람에 대한 카테고리로 나눠서 하는 것이 좋다.

다음 페이지의 표와 같이 일주일, 한 달, 혹은 분기에 한 번씩 자신이 겪은 일과 사람에 대해서 작성해 보자. 어떤 사건이 있었는지 요

	업무, 대상	겪은 일	성장하고 싶은 점	나와 안 맞는 점	요약
업무	대학생 공모전 기획 및 운영	기획 반응이 좋았고, 상무님께 칭찬을 받았다.	더 큰 이벤트를 운영해서 회사에 기여하고 싶다.	이 일은 중요하지 않다고 했다. 더 큰 규모로 해서 당당해지고 싶다.	마케팅 이벤트 기획, 운영이 재밌다. 더 큰 일을 하고 싶다.
업무	가격 인상 업무	기존 고객 대상 가격 인상 업무를 맡게 됐다.	경력자 선배가 어떻게 일하는지 알고 싶다.	고객이 싫어할 일은 하기 싫다. 고객에게 혜택을 주는 일을 하고 싶다.	고객 관점의 업무를 하고 싶다.
사람	조 대리	평소 나를 무시하는 발언을 많이 한다.	포커페이스로 넘어가는 방법을 공부해야겠다.	자존감이 낮아서 더 상처가 된다. 기분 나쁜 말에 금세 감정이 상한다.	둔감함과 처세술을 배우자.
사람	이 과장	대인관계가 넓어 협업을 편하게 진행하는 분이다.	친화력이 좋은 부분을 배워야겠다.	가끔 장난이 너무 짓궂어서 어떻게 대응해야 할지 모르겠다.	짓궂은 장난에 대응 방법 배우기
취미	블로그 글쓰기	경험을 글로 정리하니 도움이 된다.	더 많은 이들이 보는 좋은 글을 쓰고 싶다.	부지런하지 않아 계속 글을 올리기 어렵다.	글을 더 잘 쓰고 싶다.

약해서 쓰고, 더 배우고 싶은 부분에 작성한다. 나와 안 맞는 것 같은 점은 상대적으로 작성이 쉬울 것이다. 이는 자세히 써 두면 도움이 된다. 이런 기록이 쌓이다 보면 일회적인 감정이었는지 반복적으로

공통된 부분인지 알 수 있기 때문에, 자신이 뭘 좋아하고 싫어하는지 점점 파악해 갈 수 있다.

자기 발견 노트는 휴대폰 노트 어플이나 컴퓨터 엑셀에 파일을 만들어서 계속 채워 가는 방식을 추천한다. 나중에 자신이 어떤 사람이 었는지 뒤돌아보고 방향을 세워 가는 데에 도움이 된다. 특히 경력직 이직을 하거나 새로운 도전을 하는 등 중요한 결정을 할 때 유용하게 쓰일 것이다.

더불어 팀을 옮기거나 업무 배치로 상담을 하게 되어도 "저는 A 업무 경험이 있어 이런 점이 장점이고, 이런 것을 원합니다."라고 보다 명확하게 말할 수 있다. 시간이 지나면 기억이 흐릿해지기 때문에 '그 일을 할 때 이랬던 것 같은데…'라는 추측이 생길 수 있다. 기억은 왜곡될 수 있기에 종종 기록을 남겨 두면 유용하다. 시간을 잡아 그동안 흘려버렸던 나의 경험들을 다시 한번 뒤돌아보며 자기 발견 노트를 써 보자.

나를 업그레이드하는
셀프 투자법

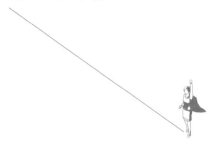

직장 생활은 하루하루가 소모적으로 느껴지고, 바쁘긴 했지만 아무 것도 해내지 못한 것 같은 무력감 때문에 더 힘들다. 성장하는 것이 눈에 보이지도 않고, 상사에게 혼나면서 자존감만 깎이고, 스스로가 못나게만 느껴진다. 그런 분들을 위해 매일 매일 자신에게 투자하는 습관을 시작하는 방법을 알아보고자 한다.

뭔가 생산적인 일을 한 게 없어 허무하게 느껴진다면 자신에 대한 투자가 필요하다. '투자'란 생산을 하기 위해 들이는 '시간'이나 '노력'을 말한다. 회사에서도 회사의 성장을 위한 원동력을 가늠하는 방법으로 이 '투자'에 돈과 노력을 얼마나 쏟고 있는지 확인하곤 한다. 마찬가지로 우리 개인 역시 삶에서 스스로에게 투자하는 것이 얼마나 되는지 생각해 보자. 해야만 하는 공부, 대학 입시, 취업 준비가 아니라 정말 자신의 컨디션을 위해서, 혹은 배우고 싶어서 했던 투자가 얼마나 되는가.

'투자'라는 이름이 너무 거창해 보여서 부담스럽게 느껴질 수도 있다. 하지만 투자 자체는 대단하고 거창한 것만 가리키는 게 아니다. 회사에서는 설령 투자한 것이 대부분 소용없게 된다 하더라도, 투자비와 실제 수익이 1:1로 나타나지 않는다 하더라도 그것을 '투자'라고 부른다. 투자한 것을 100% 생산으로 뽑아내야 하는 것이 아니고, 투자한 것 중에 일부 생산으로 연결되는 게 있을 뿐이다.

또 개인의 측면에서 '생산'은 직접적이고 물질적인 결과물을 내는 것으로만 한정하면 안 된다. 물질보다 중요한 것은 신체의 건강, 마음의 건강 등 물질을 생산해 내기 위한 기본 인프라 자체이다. 그러니 '기분이 좋았다, 힘이 난다, 힐링이 된다.' 등 컨디션이 좋아지게 만드는 일은 생산을 잘 하기 위한 기반 작업이라고 말할 수 있다. 그 기반 작업은 돈과 바꿀 수 없는 몸과 마음을 위한 양분이 된 거고, 튼튼해진 몸과 마음의 상태가 결국 집중력과 생산성, 창의성에 영향을 미친다. 이 모든 것의 기반이 되는 '컨디션을 좋게 만드는 활동'을 전부 투자라고 생각하자. 투자는 반드시 결과물을 만들어야 하는 것이 아니다. 더 배우고 싶었던 것을 배우거나, 컨디션을 좋게 해 주거나 관계를 좋게 해 주는 것이면 된다.

하루에 단 10분이라도, 단 천 원이라도 자신을 위한 투자를 시작한다고 마음먹고 투자 내역을 기록하자. 시간을 들인 건지, 돈을 들인 건지 작성하고 투자의 영역을 구분해 보자. 투자의 영역은 크게 6가지다. 몸에 대한 투자, 마음에 대한 투자, 역량 강화를 위한 투자, 대인 관계를 위한 투자, 외모를 위한 투자, 돈 공부에 대한 투자다.

아래 표처럼 하루에 한 줄 이상 채우는 것을 목표로 하여 분기나 반기에 한 번 정리를 해 보자. 그동안 하나의 분야에만 투자를 해 온 건 아닌지, 밸런스가 잘 맞았는지, 이 방향에 계속 투자 비율을 높여 도 될지 점검하다 보면 삶의 밸런스 조절에 많은 도움이 된다. 사람

날짜	시간 투자	돈 투자	투자 영역
1/1		우유 한 팩 천 원	(몸) 칼슘
1/1	따뜻한 물 샤워 10분		(몸 & 마음) 나른한 행복감
1/2	영어 영상 보기 출근길 30분		(역량) 영어 실력
1/3	친구들과 식사 2시간	식비 2만 원	(관계) 친구
1/3	속눈썹 연장 1시간	속눈썹 연장 5만 원	(외모) 한 달간 화장 시간 단축
1/4	동영상 편집 학습 2시간	강의료 1만 원	(역량) 영상 편집 역량
1/4		비타민 영양제 2만 원	(몸) 비타민
1/5	뮤지컬 2시간	뮤지컬 5만 원	(마음) 기분 전환, 감성 충전
1/5	영어 스터디 1시간	스터디 비용 1만 원	(실력) 영어 실력
1/6	심리 상담 1시간	상담 비용 5만 원	(마음) 고민거리 결정
1/7	책 읽기 1시간	E-book 9천 원	(마음 & 실력) 관점 전환
1/7	코팩 15분	코팩 500원	(외모) 피부 관리
1/8	블로그에 리뷰쓰기 30분		(역량) 블로그
1/8	생각 정리 글쓰기 1시간		(마음) 생각 정리 & (역량) 글쓰기 역량
1/9	부모님께 감사 문자 5분		(관계) 부모님 챙기기
1/11	알아차림 명상 10분		(마음) 마음 공부
1/12	유튜브 보며 유산소 운동 20분		(몸) 건강
1/13	풍차 돌리기 적금 개설 30분		(돈 공부) 돈 공부 실행, 투자
1/14	부동산 책 읽기 1시간		(돈 공부) 부동산 공부

은 하던 일만 하는 습성이 있어서 외모, 관계 등 하나의 영역에만 지나친 투자를 하는 이들도 많다. 반드시 6가지 영역에 모두 투자할 필요는 없지만 장기적인 건강을 위해, 자신이 원하는 방향으로 밸런스를 맞춰 가자.

이렇게 소소한 활동까지 전부 투자의 관점으로 생각하고 기록하다 보면 '오늘 퇴근 후에는 또 어떤 투자를 해 볼까?'라는 생각을 하게 된다. 그러면 사소한 일탈, 새로운 도전을 하는 즐거움이 생겨서 활력을 찾을 수 있다. 하루하루 작은 투자를 하면서 더 본격적으로 투자하고 싶은 부분을 찾아보자. 그게 은퇴 후 당신을 힘나게 해 주는 취미나 직업이 될 수도 있다.

내 시어머니의 경우 막연히 꿈꿨던 그림에 도전해 조금씩 화실에 다니며 투자한 결과, 은퇴 후 미술전을 열며 전문 미술가로서 행복한 노후를 보내고 계시다. 60대에도 매년 미술 실력을 높여 가는 모습이 정말 멋지다. 당장 우리에게 60대는 머나먼 얘기 같지만, 지금 한 달에 한 시간 투자해 두는 것으로 인해 미래가 바뀔 수도 있다는 걸 잊지 말자. 손에서 오래 놓고 있던 무언가를 다시 시작하는 건 꽤나 힘들고 감각을 되찾는 데도 시간이 걸리지만, 가끔이라도 시간을 들여서 유지해 두면 언젠가 놀라운 차이를 만들 수 있다.

단, 대안이 있는데 보상 심리에서 돈이나 시간을 쓰는 것을 투자로 치진 말자. 대중교통을 타면 되는데도 택시를 타는 것처럼 말이다. 그건 잠깐의 불편함을 더는 효과는 있지만 장기적으로는 아까운 비용이다. 정말 먹고 싶던 치킨을 시켜 먹는 것은 행복감을 증대시켜 주기 때문에 투자라고 말할 수 있다. 하지만 일주일에 서너 번씩 습관적으로 술을 마시는 건 그 순간만 기분이 좋고 결과적으론 몸의 컨디션을 나쁘게 해서 생산성을 떨어뜨리는 행위다. 이런 것은 투자라고 말하기 힘들다.

나의 경우 마케터라는 명목으로 페이스북, 인스타그램 등 SNS를 구경하는 시간이 상당하다. 하지만 투자의 측면은 20% 정도 될까, 사실 80%는 아주 가볍게 시간을 때우며 웃어넘기는 수단이다. 그러다 보니 나에게 SNS는 투자가 아니라 '아, 어쩌다 또 SNS나 하고 있었네.'라는 후회가 드는 습관일 뿐이다. 다만 알고 싶은 주제의 유튜브 영상을 찾아서 보거나 블로그 글을 확인하는 것은 투자에 들어갈 수 있다. 기준이 애매하게 느껴지겠지만, 지극히 개인적인 용도로 정리하는 것이니 명확한 기준을 말하기 어려운 게 맞다. 하지만 다음날 돌이켜봤을 때 몸과 마음에 긍정적이지 않았고 '그거 하지 말걸…'이라는 후회가 들었다면 투자가 아니다. 어떤 투자가 정말 생산성과 잘 연결되었는지 확인하기엔 너무 먼 미래까지 기다려야 하니, 일단은 다음날 후회의 기준으로 생각하되 종종 기록을 하며 점검하는 시간을 갖다 보면 방향을 잡게 될 것이다.

한편 6가지 영역 중 대인 관계에 대한 투자는 경시되어 온 경향이 있다. 하지만 삶의 행복에 영향을 미치는 요인에 대한 수많은 연구 결과에 따르면 '관계'가 아주 중요한 축이라고 한다. 관계를 맺고 있는 사람의 수가 중요한 게 아니라, 비록 소수이더라도 아주 가까운 관계를 가진 이들의 영향력을 말한다. 그러니 최소한 '이 사람은 내 사람이다.' 싶은 사람들에게는 너무 소홀해지지 않도록 노력하자. 그들을 만나 위로를 얻고, 공감하는 것이 삶에서 꽤 중요한 부분을 차지한다. 나의 일에 진심으로 축하해 줄 수 있는 '나의 편'이 필요하다. 물론 관계에만 너무 많이 투자한다면 몸, 마음, 돈 등의 투자가 부족해져 결국 삶이 흔들릴 수 있다. 관계도 자신의 육체와 정신이 건강해야 유지될 수 있다. 그러니 삶의 균형을 잡기 위해 관계에만 매몰되지는 않게 주의하자.

더불어 관계를 통해 이득을 얻고자 하는 생각은 내려놓는 편이 낫다. 자신이 내어 줄 수 있는 게 있을 때 인맥도 효과가 있는 것인데, 단지 힘 있는 사람을 인맥으로 둔다고 해서 얻을 수 있는 건 별로 없다. 그들도 바쁜데 굳이 함께 있을 때 즐겁지 않은 사람을 인맥으로 둘 리도 없다. 다만 같은 관심사를 가진 이들과 관계를 맺는 것은 도움이 된다. 그들의 의견을 들으며 정보를 얻고, 관점을 넓힐 수 있다. 그러니 특정 주제에 대한 스터디, 동호회 등 외부 활동을 통해 관계를 넓혀 가는 것은 도움이 된다.

1500:1을 뚫은 자소서 쓰기의 비밀

우선 신입으로 들어갈 생각이라면 자기소개서와 면접 준비에 만전을 기하자. 대부분 대기업, 중견 기업의 신입 채용은 지원자가 많다 보니 면접 대상자를 추리기 위해 지원자의 학점, 학력, 영어 점수, 자격증 등을 점수화한다. 그 뒤 회사 또는 지원 팀에 맞춰 학점 10%, 학력 5%, 영어 점수 20% 등의 가중치를 반영한 뒤 총 점수를 내고 순위를 매긴다. 실제 채용 인원보다 몇 배수 정도 많은 인원을 추려내고, 그 중에서 자기소개서를 확인하며 면접을 볼 만한 인원을 선발한다.

설령 좋지 않은 대학을 나왔더라도 무조건 떨어질 거라는 생각을 하며 상심하진 않길 바란다. 출신 대학을 아예 안 보는 전형이나 기업도 있고, 출신 대학 비중이 낮은 부서가 있기도 하다. 그들의 기준을 알 수 없으니 일단은 자신이 올릴 수 있는 영어 점수, 인적성 검사 점수 등의 항목을 최대한 높여 두는 것이 유리하다. 그리고 한 가지 더 기억해야 할 것은, 결국 이 모든 과정이 대부분 상대 평가이다 보니 운이 많이 따른다는 점이다. 자신이 지원한 회사와 부서에 부디 당신보다 더 높은 점수를 받을 만한 지원자가 많지 않기를 바라야 할 뿐이다. 채용 계획은 한 명이었지만 우수한 인재가 많아 두 명으로 늘리는 등의 변수가 있기도 하니 지나친 경쟁심에 휩싸이진 말자. 중고 신입의 경우 다른 업종으로 이동하는 사례들도 흔하게 볼 수 있으니 현재에 너무 좌절하지 않기를 바란다. 다만 취업난이 심한 만큼 기존 회사에 이직을 알아보고 있다는 티를 너무 내지는 말자.

아래는 자기소개서를 잘 쓰는 방법이다.

1) 하얀 종이를 준비하자. A4 용지든 노트든 전지든, 손으로 직접 쓰는 것이 제일 효과가 좋다. 휴대폰으로 쓰는 건 화면도 작고 타이핑이 힘든 점 등의 방해 요소가 많아 추천하지 않는다. 컴퓨터를 켜서 엑셀이나 마인드맵 프로그램으로 하는 것은 괜찮다.

2) 본인의 인생에서 흥미로웠던 경험, 자신을 표현할 수 있는 소소한 경험들을 나열해 보자. 정말 사소한 경험도 좋다. 정 없다면 고등학생 때 미화부장을 했던 일, 친구랑 싸웠다가 화해한 일도 괜찮다. 올해부터 1년 단위로 회상을 하며 떠올려 보자.

아무래도 회상을 하다 보면 부정적인 경험이 먼저 떠오를 테지만 이는 자기소개서 용도로 수정해야 하는 작업이다. 부정적인 경험이라도 거기에서 얻은 교훈과 변화된 점이 있다면 활용 가능하지만, 부정적이기만 한 경험이라면 굳이 집중할 필요는 없다.

최소한 5개, 가능하면 10개 이상을 쓰는 것이 좋다. 예를 들면 성취감을 느꼈던 경험, 기분이 좋았던 경험, 뿌듯했던 경험, 나의 장점이 두드러진 경험, 힘들 것 같았지만 해낸 경험, 화합을 이끌어 낸 경험, 실수를 예방한 경험 등이다.

3) 그런 뒤에 비슷한 맥락의 경험을 카테고리화하여 묶어 주자. 성취감, 사회성, 창의성, 인내, 화합, 쾌감, 끈기 등의 예로 분류를 하는 작업이다.

4) 그 카테고리별로 자신의 특성을 표현할 수 있는, 자신의 캐릭터를 나타낼 수 있는 형용사를 한 개씩 뽑아 보자.

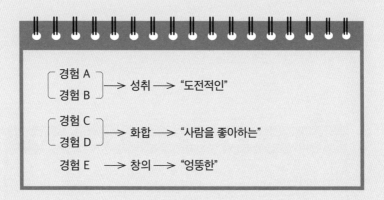

예를 들면 '창의적인, 논리적인, 친화력 있는, 추진력 있는, 꼼꼼한, 책임감 있는, 듬직한, 열정적인, 꾸준한, 활발한, 조용한, 성실한, 주도적인, 배려하는, 사려 깊은, 긍정적인' 등의 형용사가 있다.

물론 사람에겐 여러 가지 측면이 있다. 하지만 연인, 가족, 친구로서의 자신보다는 인턴이나 계약직, 아르바이트 등의 조직 내에서 일을 하며 주위 사람들에게 보인 모습을 캐릭터로 분명히 어필하는 게 중요하다. 왜냐하면 '나는 ~한 사람이기 때문에 채용한다면 ~와 같은 캐릭터가 될 것'이라는 걸 상상할 수 있게끔 해 줘야 하기 때문이다.

'나는 끈기가 좋아서 아무리 힘들어도 잘 버틴다.'라거나, '나는 진짜 꼼꼼해서 작은 실수도 잘 잡아낸다.'라거나, '다른 건 몰라도 사람들하고 잘 친해지니 팀원들과 잘 어울리며 분위기를 띄우겠다.'는 식으로 말이다.

그러면서 경험 A, B는 '성취'라는 카테고리에 '도전적인'이라는 형용사로, 경험 C, D는 '화합'이라는 카테고리에 '사람을 좋아하는'이라는 형용사로, 경험 E는 '창의성'의 카테고리에 '엉뚱한'이라는 형용사로 표현할 수 있다고 정리하자.

5) 그 뒤에는 형용사를 분류해야 한다.

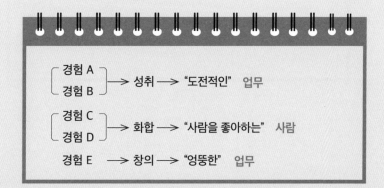

(1) 사람 사이의 캐릭터 (친화적인, 조용한, 밝은, 활발한, 듬직한, 잘 어울리는, 모나지 않은, 예의 바른, 매너 있는 등)

(2) 업무 성과와 관련된 업무 능력상의 캐릭터 (꼼꼼한, 창의적인, 논리적인, 추진력 있는, 숫자 감각이 있는, 끈기 있는, 도전적인 등)

아까 작성한 형용사를 위 두 가지 기준으로 나누어 보자. 만약 업무와 관련된 내용이 없다면 앞의 작업을 반복해서 업무 관련 특징을 뽑아내야 한다. 기억하자. 회사는 친구를 뽑는 게 아니라 일할 사람을 채용하는 것이다.

6) 다음은 형용사들 중에 '사람 사이 캐릭터 2~3개, 업무 성과 관련 2~3개'를 뽑는다. 가능한 한 10개 이상을 쓰는 게 좋다고 말한 만큼, 이 단계에서 선별하는 작업도 시간이 걸린다. 최대한 많은 경험을 쓰고 추려내는 작업을 해 봐야 자신을 캐릭터화하는 데 도움이 된다. 자신을 마치 미국 드라마, 영화 속의 캐릭터처럼 만든다고 생각해 보자. 다만 그 캐릭터가 회사에서 일하는 캐릭터인 것뿐이다.

7) 이제 형용사 중에 베스트 3개를 뽑는다. 이로써 당신을 표현할 가장 대표적인 형용사를 정한 것과 같다.

8) 그리고는 아까 나열했던 경험들 중 해당 형용사를 가장 잘 뒷받침할 수 있는 경험을 고르자.

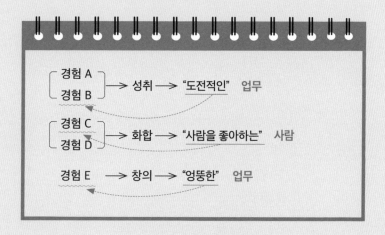

이왕이면 큰 성과를 얻은 것과 최근 경험을 위주로 뽑아야 한다. 여기까지 하면 자기소개서의 소재가 완성됐다. 이제는 자기소개서를 보기 좋게 만들자.

9) 우선 세 문단을 만들고, 한 문단에 하나의 형용사와 하나의 경험을 넣자. 하나의 형용사에 설명할 경험이 두 개 이상이고 그것이 다 좋은 내용이라면 여러 가지 경험을 넣어도 좋지만, 가볍게 많이 언급하는 것보단 신뢰가 갈 만한 큼직한 소수의 경험이 낫다. 해당 내용을 면접 때 자세히 물어볼 수 있으니 그 부분도 준비해 가자.

10) 마지막으로 각 문단 앞에 내용을 설명할 한 줄 제목을 넣어 면접관이 자기소개서를 쓱 읽어도 쉽게 파악할 수 있게끔 만들자.

도전적인 자세로 영업 실적 1위 달성 (Head)

(제가 대학생 때 아르바이트로…)

엉뚱한 시각에서 접근해 얻은 아이디어 대회 수상

(공무전에 출전해…)

사람을 좋아하는 OOO, 친구들과의 약속은 지키는 의리맨

(친구들은 저를 편하게 생각해 어디서든…)

면접관은 수많은 자기소개서를 보기 때문에 읽기 쉽게 쓰는 것이 정말 중요하다. 요즘엔 AI로 자기소개서를 채점한다는 말도 있지만, 대부분의 회사는 면접을 직접 보고 있다. 면접을 볼 때도 자기소개서를 참고하며 질문하기 때문에 이왕이면 잘 써 가는 것이 좋다.

최종적으로 다음 페이지처럼 정리하면 된다.

도전적인 자세로 영업 실적 *1위* 달성   (Head)

(제가 대학생 때 아르바이트로…)

엉뚱한 시각에서 접근해 얻은 *아이디어 대회 수상*

(공무전에 출전해…)

사람을 좋아하는 OOO, 친구들과의 약속은 *지키는* 의리맨

(친구들은 저를 편하게 생각해 어디서든…)

(밑줄은 자신을 드러내는 형용사, 기울임은 그 형용사를 대표할 만한 경험)

자기소개서에 경험을 꼭 쓰라는 데는 이유가 있다. 많은 지원자들이 의지만을 보여 주며 합격시켜달라고 말한다. 그런데 "나 뽑히면 잘할 거예요!"가 아니라, "나 당신들이 뽑는다면 잘할 만한 사람이에요. 이런 경험들이 나를 보여 주잖아요."라고 말해야 뽑힐 수 있다.

그러니 자기소개서를 통해 돋보이기 위해서는 사소한 것이라도 다양한 경험을 쌓는 게 좋다. 대단한 스펙이 없더라도 감동을 주는 스토리가 있다면 스펙보다 큰 힘을 발휘한다. 자신만의 책을 쓸 때 '의지와 생각'만으로 채우기보다는 '다양한 경험'을 채워 보는 게 어떨까. 이런 마음으로 각종 아르바이트, 공모전, 모임, 스터디 등에 도전해 보길 바란다. 중고 신입이라면 더더욱 대학을 갓 졸업한 사람과 맞붙어도 경쟁력을 갖출 수 있는 스토리를 만들어야 한다. 현재의 경력이 짧다면 아예 경력을 지우는 것도 방법이지만, 거기에서 배운 점을 어필해도 괜찮다. 자기소개서에 보험 회사 영업 사원으로 뛰어 본 경험을 써서 전혀 다른 업종의 사무직으로 취업한 사례도 있다. 경험 자체보다는 그것으로부터 자신이 무엇을 배웠는지, 뭘 느꼈는지, 뭘 잘할 수 있는지 어필하는 게 더 중요하다.

Chapter 2

Potential

직장에서 가능성을 키우는 업글 인간의 기술

포텐 터지는
신입 되는 법

설렘을 잃은 너에게

첫사랑, 첫 여행, 첫 도전…
처음은 언제 들어도 설레는 단어인 줄 알았다.
직장 생활을 시작하기 전까지는.

"아무리 처음이라지만, 넌 센스가 너무 없다."
"이거 누가 한 거야? 고등학생도 이렇게는 안 하겠다."

선배의 막말에 할 말을 잃었다.
나도 잘하고 싶었는데, 경험이 없었을 뿐인데…

학생일 땐 수업 외에 문제집도 풀고, 학원도 가고, 인강도 봤는데
회사는 예습도, 설명도 없이 시험만 반복해서 치르는 기분이다.
모의고사도 없으면서 결과 때문에 혼날 일은 왜 이리 많을까.

"네가 이 회사에 대해서 뭘 몰라서 그러는데…"

선배의 한숨 섞인 반응에 자존감도, 의욕도 뚝뚝 떨어진다.

가이드도 없이 당장 해결하란 일이 왜 이렇게 많을까.

이건 어떻게 하는 거라고 누가 좀 알려 주면 좋겠다.

잘할 줄 모르니 여기에 있지, 잘하면 이런 곳에 계속 다닐 리가!

'왜' 이 일을 '우리 팀에서' 해야 하는 거고,

왜 굳이 '내가' 해야 하는 건지, 또 '어떻게' 하는 건지

아무것도 이해가 가지 않은 채로 급한 불을 끄기 바쁘다.

한쪽 구멍을 막으면 다른 쪽 구멍을 발견한다.

아무리 해 봐도 제자리인 것 같고,

혹시 지금 젊음을 낭비하고 있는 건 아닌가 회의감이 든다.

일은 직접 부딪쳐 가며 하는 거라고 하지만

가슴에 박힌 가시와 상처들은 어떻게 해야 할까.

일도 사람도 너무 어렵다.

지금도 잘 버티고 있어

누구에게나 처음은 있어.

그 시기의 직장 생활은 자존감을 뺏어가는 강도나 다름없지.

어쩌나 날카로운 말로 여기저기 쑤셔대는지.

그러면서 "요즘 애들이 어쩌구…" 꼰대짓까지 하잖아.

참 못됐어. 자기들도 예전엔 서툴던 시기가 있을 텐데 말이야.

하지만, 일단은 조금만 더 버텨 보자.

입사 초반에는 직원이 회사에 벌어다 주는 돈보다

회사에서 직원한테 주는 월급이 더 큰 기간이래.

그러니 비록 욕먹고, 혼나고, 억울한 일이 많겠지만

업무를 숙련해서 당당해질 때까지 버티고 견뎌 보자.

꼰대처럼 굴던 그들이 후배인 너에게 도움을 요청하는 일,

생각보다 그렇게 오래 걸리지 않더라.

더럽지만 어쩌겠어.

절이 싫으면 중이 떠나는 거고

떠나고 싶지 않다면 여기에서 힘을 길러야지.

스스로를 바꾸지 못하면 그 무엇도 바꿀 수 없어.

지금은 너무 힘들어서 잘 느껴지지 않겠지만,

조금만 버티다 보면 회사가 주는 장점이 훨씬 많아질 거야.

회사라는 조직이 주는 혜택이 정말 크더라고.

그러니까 다들 욕하면서도 계속 다니는 건가 봐.

처음 하며 겪는 고충을 아예 없앨 수는 없지만

그 시기에 중요한, 놓치면 안 되는 영역을 미리 알고 가면

후회할 일을 줄일 수 있어.

그러니 책 꼼꼼히 읽고 멘탈 챙기자, 화이팅!

커리어의 향방을 결정짓는
첫 직장

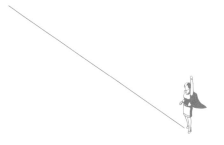

대부분 첫 직장은 자신의 힘으로 선택한 곳보다, 자신을 뽑아 준 곳이 된다. 왜 합격한 건지도 모르는 채, 이 업계가 어떤지도 모르는 채로 말이다. 이 회사에 첫 출근을 해도 될지, 계속 다녀도 될지 고민하는 분들을 위해 첫 회사의 영향력을 알려 드리고자 한다.

1) 업계가 정해진다.

자신이 입사할, 또는 입사한 '회사'만 보면 안 된다. 그 회사가 속한 업계의 특징을 봐야 한다. 업계(field)란 건축, 유통, 화장품, 식품, 통신, 가전, 출판 등의 영역을 말하며, 본인의 회사가 속해 있는 업계에 따라 앞으로의 커리어에 큰 영향을 미친다. 처음 입사를 할 땐 연봉, 복지 등 회사 그 자체에 대해서만 고려하게 되지만, 그 업계의 다른 회사도 어떤 분위기인지 대략적으로 알아 두어야 한다. 특히 이직을 한다면 같은 업종 내에서 옮길 확률이 매우 높기 때문에 커리어의 업계가 정해지는 데 큰 영향을 미친다. 경력직 채용의 경우 회사 입장에서는 동종 업계의 구체적인 직무를 해 본 사람을 뽑아야 짧은 적응 기간 내에 바로 역할을 해낼 수 있기 때문이다. 또한 이직이 아니더라도 그 분야에 대해 보고 듣는 게 생기다 보니 관심을 갖게 되고, 관련 분야로 창업하거나 프리랜서를 하는 경우도 생긴다.

나는 이런 생각을 전혀 하지 않고 '미국 대학원에 갈 거니까 돈 모으기 좋게 연봉 높고 논문을 쓸 만한 거리가 있는 곳으로 가자.'는 생각만 했었다. 하지만 결혼을 하며 유학은 계획대로 되지 않았고, 이후 이직을 알아볼 때 나의 안일함이 만든 문제를 깨닫게 되었다. 동종 업계로 가기엔 회사 환경이 기존 회사보다 좋지 않아서 꺼려졌고, 다른 업계로 이직을 하는 것은 쉽지 않았기 때문이다. 실제로 이직 면접 시에 다른 업계로 가려고 하면 "업계가 다른데 어떻게 극복하려 하느냐?"는 질문은 흔하게 나오는 편이다.

그러니 회사의 연봉, 복지가 전부는 아니라는 사실을 잊지 말자. 업계 전반적인 분위기가 결국 당신에게 영향을 미칠 수 있다. 성장하는 업계면 이직 자리도 많아지고, 임금 상승률도 확연하게 달라진다. 반면 나의 사례처럼 목표한 회사는 조건이 좋지만 그 업계의 다른 회사들은 대부분 별로여서 이직할 곳이 마땅치 않은 업계도 있다. 그런 경우 대안이 없어 그 회사에 계속 다니는 확률이 높아지는데, 본인의 성향과 해당 회사가 맞지 않는다면 큰 스트레스가 될 수 있다. 만약 다른 업계로 이직을 희망한다면 직무의 전문성을 살려서 이직을 노리는 전략을 세워야 한다.

2) 직무가 정해진다.

경영기획, 마케팅, 영업, 홍보, 구매, 설계, 생산관리, 총무 등 본인의 업무가 해당되는 직무 역시 커리어의 가장 큰 부분 중 하나다. 처음 구직 시엔 자신이 전공한 과를 우대해 준다고 해서, 혹은 규모가 있는 직무로 지원하다 보니 어떤 일을 하는지도 모르고 지원하는 경우가 많다. 하지만 경력 시장에서는 해당 조직에서 요구되는 일과 유사한 업무를 해 본 구체적인 업무 경험을 중시한다. 그래야 다른 회사에서 온 사람이어도 그 일을 바로바로 처리하며 월급 값을 해낼 테니 말이다.

심지어 큰 직무 내에서 행하는 구체적인 업무 및 프로젝트 내용도 이직 시 영향이 크다. 예를 들어 온라인 커머스 마케팅을 하고 싶다고 하더라도 해 왔던 업무가 고객 조사라면? 크게 보면 같은 마케팅 카테고리 안이어도 세부 직무가 다르다 보니 해당 분야로 이직을 하기는 매우 어렵다. 이처럼 구체적으로 '해당 업무 몇 년 이상'이라는 항목을 자격 요건으로 요구하는 곳이 많다. 그러니 현재 직무가 마음에 들지 않는다면 최대한 회사 내에서 원하는 직무로 바꾸고, 해당 직무의 경력을 쌓아야 한다. 다행히도 경력직 공고에서는 '총 업무 경력 7년 이상, 특정 세부 업무 3년 이상'처럼 구체적인 업무가 달랐던 기간도 총 업무 경력에 포함해서 구인하는 경우가 많기에, 늦었다고 생각할 것 없이 하고 싶은 직무의 경력을 쌓아 두도록 하자.

3) 만나는 사람이 달라진다.

회사에 들어온 뒤 사내 연애를 하다가 결혼을 하거나, 회사 동료가 소개팅을 해 줘서 결혼하는 사례들이 꽤 많다. 더불어 어떤 팀원, 동료, 유관 부서를 만나느냐에 따라 하루하루의 스트레스가 달라지고 자신의 관심사가 달라진다. 팀 선배들이 늘 나누던 투자, 부동산 이야기를 귀동냥하다가 얻은 정보로 청약을 넣은 게 당첨되어 부동산 차액 6억 원을 번 지인도 있다.

이직을 해 본 사람들이 공통적으로 하는 말에 '어딜 가나 또라이는 있다.'는 '또라이 불변의 법칙'도 있긴 하지만, 더 중요한 것은 회사마다 사람들의 인식과 분위기가 다르다는 점이다. 군부대나 대학마다 특유의 분위기가 있는 것처럼 회사도 저마다 기업 문화가 다르다 보니 사람들 간에 쓰는 말투나 관습이 다르다. 여전히 군대 문화인 곳도 있고, 개인주의적인 곳도 있고, 서로 챙겨 주는 문화인 곳도 있고, 매너를 중시하는 문화인 곳도 있다.

어느 곳에 가느냐에 따라 만나는 사람이 바뀐다는 말을 잊지 말자. 경험해 보지 않고는 알기 어렵겠지만 최소한 해당 업계, 회사의 대략적인 분위기는 조사를 해 보길 바란다. 여전히 술자리에서 2차를 강요하고, 개인의 삶을 전혀 배려하지 않는 회사들이 존재한다. 때리고, 집어던지고, 욕설하고, 갑질을 서슴지 않는 회사도 간혹 있는데 그 정도의 조직 문화라면 빨리 도망쳐 나오는 편이 나을 수 있다. 다만 모든 회사가 그렇다고는 생각하지 말자.

몇 번째 회사든지 사람들의 영향은 크지만, 특히 첫 회사인 경우 영향이 더 크다. 어릴 때 만난 사람들에게 보고 배우는 점에 따라 회사에 대한 태도나 업무를 대하는 방식이 달라지기 때문이다. 그래서 멘토링 제도가 있는 회사 내에서는 "너는 누가 멘토냐? 개한테 배웠으면 잘하겠네."라고 말하기도 한다. 너무나 싫어하는 부모의 단점을 욕하면서도 보고 배우게 되는 것처럼, 첫 회사에서 사람들을 겪으며 자신도 모르게 체화되는 점을 스스로 인지하고 단점들을 바꿔 가는 것이 중요하다.

물론 업계를 바꿔서 이직하는 경우도 많아지고 있고, 회사 내에서의 직무 이동 기회가 늘어나고 있기에 너무 낙담할 필요는 없다. 위세 가지에 구애받지 않는 예외 사례도 있다.

1. 다른 업계로 이직하는 사례는 예전보다 늘어난 편이다. 다만 그런 경우, 무언가 연결 고리가 있어야 한다. 직무에서 높은 관련이 있는 경우가 가장 많다. 특히 다른 업계에서 우리 회사로, 동일 직무로 이직해 온 케이스를 보며 반대로 '나도 저런 회사로 갈 수도 있겠구나.'라고 생각해 보는 것도 방법이다.

2. 이직을 하며 직무를 옮기기는 쉽지 않다. 회사 내에서 팀을 옮긴 뒤 그 직무를 살려 이직하는 케이스가 대부분이다. 다만 채용하는 직무명은 마케팅인데 실제로는 기술적인 지식을 요하다 보니, 해당 업계의 연구실 기술 파트에서 일하던 사람이 마케팅으로 오는 등의 사례는 있다.

3. 첫 회사는 이직하기 전까지 영향은 크나 이직하고 난 뒤에는 영향력이 점점 줄어든다. 어디 회사 출신이라거나 일하는 방식 정도에 영향을 미치는 수준이다.

이처럼 첫 회사에서의 확장성을 고려해 본인의 커리어 방향을 설계해 보면 더 도움이 될 수 있다.

인턴의 미덕은
중도에 있다

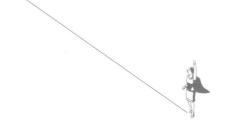

보통 인턴은 주어진 기간 동안 과제를 수행하고 보조하는 일을 한다. 그런데 인턴에게 주어진 과제보다 중요한 건 주위 직원들의 평가다. 직장 생활은 곧 조직 생활이다 보니 결과물을 만들어 내는 실력이 좋더라도 '같이 일할 만한 사람'이라는 느낌을 주지 못하면 탈락할 가능성이 높다.

기본적으로 예의 바르고, 열정적이고, 긍정적인 태도와 경청하는 자세를 가진 이를 싫어하는 이는 없다. 특히 정직원 채용이 거의 확정된 시기라 하더라도 발표가 난 게 아니라면 긴장의 끈을 놓쳐서는 안 된다. 내가 아는 한 인턴은 정직원이 될 확률이 100%였는데, 최종 정직원 전환 교육 중 임원 강의 시간에 대놓고 책상에 엎드려서 잤다가 임원의 한마디에 정직원 전환 대상자에서 제외되어 탈락했다. 이건 기본이 안 된 행동이다 보니 억울하더라도 어쩔 수 없다. 그는 평소에도 지각을 자주 하고 인사를 잘 하지 않았던 터라 그 얘기를 듣고도 다들 "걔는 괜찮긴 했는데, 좀 성실하지 않을 것 같긴 하더라."

는 이야기를 했다. 이런 태도의 측면은 조금만 신경 써도 확연히 달라지는 부분이니 미리 조심하자.

다만 너무 적극적인 태도는 오히려 마이너스가 되기도 한다. 나의 지인은 인턴 초반에 임원과 함께하는 술자리에서 인턴 생활은 어떠냐는 질문을 받았다. 그에 "지금은 일부의 과제만 주어져 있어 아쉽고, 더 많은 일을 하고 싶다."고 말했다가 그날로 찍혀서 관심 밖의 직원이 되었다. 결국 그 팀에서는 최종 과제 발표도 제대로 들어 주지 않았고, 정직원 전환에서도 떨어지게 되었다. 매우 황당하게 들리겠지만 임원들이 볼 때는 첫 회식부터 윗사람들의 의사 결정, 즉 과제 분배에 대한 건의 사항을 말한 게 매우 치명적이었던 것이다.

이처럼 지나치게 의욕적인 면을 안 좋게 보는 이들도 있으니 조심하도록 하자. 그런 자리에서는 차라리 "팀원분들이 정말 잘 대해 주십니다. 과제도 열심히 하고 있습니다."라는 교과서적인 답변이 낫다. 특히 임원, 팀장의 앞이라면 사소한 말실수로 오해를 살 수 있다는 것을 명심하자. 회사는 꼰대들, 사소한 것으로 판단해 버리는 이들이 많다. 처음 겪는 조직 생활에서는 이 회사가 어떤 분위기인지 파악하기도 힘들다. 그러니 오해받을 만한 행동을 하지 않는 것이 가장 안전하다.

요즘 회사들은 인재상으로 창의적, 도전적 인재를 말한다. 하지만 팀장, 임원들은 '의견을 적극적으로 개진하는 신입'보다는 '시키는 걸 잘하는 사람'을 원하는 경우가 많다. 그러니 자신을 보호하기 위해 회사에서는 말을 아끼고, 최대한 친절하고 예의 바르게 행동하자.

비록 당장은 주어진 과제가 마음에 안 든다 하더라도 주어진 일, 시킨 일을 잘 해내는 것을 인턴 시기의 목표로 삼자. 혼자 의욕적인 것보다는 같이 일할 만한 사람이라는 느낌을 주는 것이 중요하다.

특히 이미지는 사람들과의 관계에서 비롯되기 때문에 싫은 사람이어도 각각 맞춰 주는 전략을 쓸 수도 있다. 선배들의 성향에 따라 수다 떨기 좋아하는 선배에게는 대화 상대가 되어 주고, 시간 개념을 중시하는 선배에게는 시간을 최우선순위로 맞춰 대하고, 술자리를 좋아하는 선배에게는 가능한 선에서 술자리 친구가 되어 주는 식이다. 본인이 가진 특성이 1에서 100까지 있다면, 인턴 기간에는 회사 분위기나 선배들에게 맞는 부분인 10까지만 보여 주는 편이 나을 수도 있다.

그렇다고 괴로워할 건 없다. 회사는 돈을 벌기 위해 가는 곳이지, 자신을 있는 그대로 받아들여 주는 곳이 되길 기대해선 안 된다. 24시간을 원하는 대로만 하면서 사는 이는 흔치 않다. 시간이 지나 조금씩 역할을 해낸 다음 구성원으로 인정을 받고 나서 점점 자신의 모습을 드러내면 된다. 회사가 주는 장점도 많으니 너무 억압된다고 느끼지 말자. 연애 초반엔 좋은 면만 보여 주다가 점점 진실된 모습을 드러내는 것과 비슷하다.

만약 멘토가 정해져 있고, 그 멘토가 주는 인턴 과제 가이드에 대한 의견이 안 맞는다 하더라도 절대 그와 싸우지는 말자. 본인의 의견과 멘토의 의견 중 어느 쪽이 더 좋은 건지 확실히 알지 못하는 상황에서 그의 의견을 무시하며 싸웠다간 팀원들의 평가만 나빠져서 손해가 더 커질 확률이 높다. 의견을 부드럽게 조율해 볼 수는 있으나, 서툴게 시도하다가 서로 감정만 상할 수 있으니 조심하자.

설령 멘토가 하자는 대로 한 결과물이 마음에 들지 않더라도 평가자들이 볼 때는 '쟤 멘토가 김 대리라더니, 걔 스타일이 나네.'라고 생각하는 경우가 많다. 인턴 스스로의 자질도 있겠지만 멘토의 영향도 큰 부분임을 증명한다. 멘토의 지시 안에서 최대한 잘 해낼 수 있는 방법을 찾아보자. 과제 자체보다 멘토를 포함한 팀원들의 마음을 얻는 게 더 중요하다.

마지막으로 설령 이번 회사에서 정직원이 될 마음이 없더라도 이들의 평가가 다른 회사 취업에도 영향을 미칠 수 있다는 점을 기억하자. 인턴으로 근무했던 회사에 평판 조회를 하는 경우도 있고, 이번에는 정직원 전환이 안 됐지만 개인적으로 채용 추천을 해 주겠다며 업계에 관련된 채용 건을 연결해 주는 경우도 있다. 그러니 지금 만난 직원들이 네트워크가 될 수 있단 사실을 잊지 말자. 끝까지 이미지를 좋은 쪽으로 관리해야 한다. 또라이 때문에 짜증나고 지치더라도 자신의 업무적, 사회적 역량을 키워 주는 고마운 분들이라고 생각하자.

경력의 딜레마를 극복하는
기본기의 힘

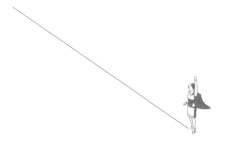

"신입 사원 면접에서 경력을 자꾸 물어보면, 신입은 어디 가서 경력을 쌓나!"

코미디언 유병재가 했던 이 말, 이른바 '경력의 뫼비우스 띠'는 취업 준비생들의 격한 공감을 받아 이슈가 됐다. '웃픈' 현실을 대변하는 말이나, 한편으로는 회사 입장에서 채용 시 지원자들 중 가장 적합한 사람을 뽑으려다 보니 어쩔 수 없이 생기는 과정이기도 하다.

박사급 채용을 제외하면, 사실 회사는 입사 직후의 신입 사원에게 경력을 기반으로 한 전문적인 역량을 기대하지 않는다. 선배들은 신입 사원을 바라볼 때 회사나 업무에 대해 전혀 모르는 수준이라고 생각한다. 그러니 본인이 그동안 쌓아온 것과는 무관하게 새로 시작한다고 생각하고 기본에 충실하기를 바란다. 오히려 선배들 앞에서 아는 척, 해 본 척을 했다가 욕을 듣는 경우도 있다. 기존 사회와는 다르니 새로 배우는 마음가짐을 갖자.

이때 기본이라 함은 기본적인 예의, 비즈니스 매너, 배우려는 자세, 싹싹한 태도, 경청하는 자세, 노력하는 모습 등이다. 신입은 인사만 잘해도 된다는 말은 결코 과장이 아니다. 똑똑한데 건방진 신입보다, 조금 모자라도 열심히 배우려는 자세로 주어진 일에 대해 최선을 다하는 태도를 가진 신입이 선배들의 호감을 살 수 있다.

물론 꼰대들 사이에서라면 이런 기본조차 지키기 정말 어려울 수 있다. 이해 가지 않는 문화와 요구 사항에 포커페이스로 감정을 감추고 응대하는 것은 결코 쉽지 않다. 그런 생각이 들 때면 명심하기를 바란다. "이 자리는 수많은 취업 준비생이 오고 싶어 하는 자리다. 이 자리는 누구든 대체할 수 있다. 내가 대체하기 힘든 인력이 될 때까지는 일단 참고 버티며 더 배우도록 하자."

대부분의 회사에서는 사원급에게 대단한 업무 전문성을 기대하지 않는다. 실수를 했을 때 겉으로는 혼을 내도 속으로는 당연하게 넘어갈 수 있는 시기이다. 다만 실수를 저질러 놓고 당당하게 군다거나, 자신의 부족함을 당연시하는 태도는 큰 문제가 될 수 있다. 회사는 단체 생활이고, 협업해 나가는 조직 생활이다. 지금 느껴지는 이상한 부분에 너무 집중해서 선배들에게 인상 쓰며 따지려 들지 말자. 그들은 회사에 대해 더 잘 알고 있고, 네트워크가 있는 사람들이다. 그들에게서 하나라도 더 배운다고 생각하고 기본에 충실하자. 설령 배울 점이 하나도 없어서 타산지석만 하더라도, 단점을 보며 다짐하는 것 역시 인생의 큰 부분을 차지한다.

막막한 직장 생활을 위해 사소한 질문을 쉽게 물어볼 수 있는 자신의 편을 한 명 만드는 것도 중요하다. 회사에서 멘토를 정해 줬다면 가장 좋겠지만, 그게 아니더라도 팀이나 같은 사무실 내에 믿고 의지할 만한 사람을 만드는 건 정말 큰 힘이 된다. 친한 사람을 만든 뒤에 그분께 "이럴 때는 어떻게 하나요?"와 같은 질문을 하며 조금씩 회사의 분위기를 알아 가면 도움이 될 것이다. 그렇다고 그 사람에게 치부를 전부 드러내고, 팀원들에 대한 불평을 얘기하지는 않기를 바란다. 완전히 내 편이라는 확신이 들기 전까지는 말이다. 자세한 내용은 「멘토 설정에 필요한 세 가지 조건」에서 다루도록 하겠다.

멘토 설정에 필요한
세 가지 조건

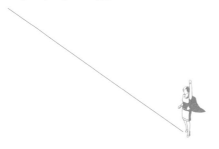

직장 생활을 하다 보면 막막한 순간이 많다. 그럴 때마다 혼자 끙끙 앓는 것보다 누군가에게 터놓고 조언을 구할 수 있다면 큰 힘이 된다. 돈을 내고 전문 상담사를 찾아가도 결국 자신의 이야기를 터놓는 게 대부분인데, 현재 처한 상황에 공감해 주고 회사 상황에 맞는 조언까지 해 줄 수 있는 이가 있다면? 조공을 바쳐서라도 멘토로 만들어야 한다.

대부분의 회사원들이 동기나 또래 친구들과 푸념을 나누곤 한다. 동갑내기들끼리의 대화를 통해서 위로와 공감, 안주거리까지는 얻을 수 있다. 이 또한 직장 생활에 큰 힘이 되긴 하지만, 영양가 있는 조언을 구하기는 어려운 것이 현실이다. 생각해 보자. 초등학교 고학년인 아이가 중학생 선배에게 자신의 고민에 대한 조언을 구하면, 먼저 초등학교를 겪어 봤기에 깨달을 수 있었던 노하우를 얻을 수 있지 않을까? 물론 사람마다 상황이 다르다 보니 '초딩의 팔자 좋은 고민'이라고 무시하는 사람도 있기는 하겠지만, 정말 자신의 일처럼 고민해 주는 사람을 만나면 지혜를 얻을 수 있다.

그러니 터놓고 조언을 구할 수 있는 멘토 선배를 찾아보자. 멘토라고 해서 꼭 인정을 받는다거나 대단한 위치에 올라 있는 사람일 필요는 전혀 없다. 그 회사에서 당신보다 더 오래 있었고(경험), 호의적이며(관계), 다른 이들에게 소문을 내지 않을 만한(신뢰) 사람이면 된다. 마음 맞는 언니, 누나, 오빠, 형 정도의 사람인 것이다.

'본받을 만한 위치의 멘토여야 조언을 구해도 도움이 되지 않을까?'라고 생각할 수 있다. 하지만 사람은 자기 자신이 겪은 일은 잘 해결하지 못하더라도, 제3자의 사례를 접할 때는 더 객관적인 조언을 해 줄 수 있다. 본인이 주위에서 보고 들은 경험도 많을 테니까. 모든 점에서 본받을 만한 사람을 찾으려다 보면 평생 멘토를 구하지 못할 가능성이 더 높다. 그러니 기준을 낮춰라. 선배도 사람이다. 부족한 면도 있겠지만, 함께해서 좋은 점도 많다. 우리의 친한 친구들이 그렇듯이.

같은 팀이든, 일로 만났든, 사내 동호회로 만났든 그런 건 중요하지 않다. 평소 대화가 잘 통하는 것 같고, 대화할 때 잘 경청해 주고, 마음이 맞는 것 같다는 판단이 든다면 "혹시 조언을 구할 수 있을까요?"로 말을 꺼내 보자. 처음엔 소문이 나도 문제되지 않을 만한 작은 상담으로 시작해야겠지만, 신뢰가 쌓여 간다면 더 많은 조언을 구할 수 있다. 개중에는 비밀을 악용하는 사람도 있을 수 있기 때문에 신뢰도가 정말 중요하다. 비밀을 악용할 만한 사람인지 스스로 파악하는 눈을 키워 가기를 바란다. 회사를 그만두더라도 계속 연락할 수 있는 마음 맞는 선배를 찾는 일, 생각보다 큰 힘이 된다.

　나는 그분들 덕분에 개인적인 일에도 조언을 많이 얻었고, 이직 후 적응을 하면서 새 회사에 대한 조언도 얻을 수 있었다. 의외로 주위 사람들에게 도움을 주고 싶어 하는 본능을 가진 사람들이 꽤 많다. 그들은 업무 관련 내용이 아니라 사람 대 사람으로서 도와줄 수 있는 부분에 더욱 적극적이다. 누군가가 당신을 멘토라 여기고 조언을 구한다고 생각해 보자. 뭔가 도움을 주는 존재가 되었다는 생각에 당신의 마음도 따뜻해지고 그를 적극적으로 도와주고 싶어지지 않을까?

　하지만 너무 대놓고 밀어붙이는 관계는 어떤 사이든 부담스러울 테니, 충분히 친해진 뒤에 소소하게 챙기면서 관계를 만들어 가야 한다. 어떤 사이든 도움을 주기만 하는 일방적 관계는 오래, 건강하게 유지되기 어렵다. 시간을 내주셔서 감사하다는 표현도 많이 하고, 좋은 조언을 얻었을 때에는 종종 식사를 대접하기도 해야 이득만 취해 가는 후배로 보이지 않을 수 있다.

　나는 요즘도 마음이 지칠 때면 멘토님께 잠시 시간을 내달라고 부탁드린다. 본인만의 오답 노트를 가진 선배의 조언 덕분에, 큰 위로를 받고 감정을 전환하곤 한다.

입사 동기는
두 가지 타입으로 구분된다

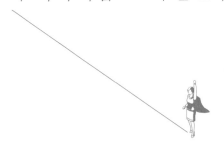

신입 사원으로 들어간 회사에 동기가 있다면 돈 주고도 살 수 없는 큰 재산을 얻은 것이나 마찬가지다. 초반에는 동기라고 해도 약간 서먹하기 때문에 그 중요성을 모르고 지낼 수 있다. 하지만 밖에서 처음 만나는 사람들은 보통 본인의 이해관계에 따라 행동하는 반면, 동기만큼은 일정 기간 교육을 함께 받으며 동질감을 형성하는 이들이다. 정으로 서로를 챙겨 주고 정보를 공유하는 존재가 되어 직장 생활의 위기를 헤쳐 나가는 데 도움이 되는 경우가 많다.

전혀 모르는 부서에 가서 업무 요청을 할 때와, 아는 동기가 있는 부서에 업무 요청을 할 때의 차이는 직접 겪어 보면 알게 된다. 업무 요청뿐만 아니라 쉽게 알기 어려운 정보들을 알려 줄 수도 있고, 대학 동기처럼 끈끈한 정을 나누며 지내다 보면 퇴사 이후에도 연락을 이어가며 전우애를 쌓을 수 있다. 먼저 이직한 친구에게 이직 노하우를 물어보기도 하고, 회사의 구체적인 복지 정보를 묻기도 하고, 다른 직원들 중 조심해야 하는 직원에 대한 정보 등을 듣기도 한다. 그

야말로 '친한 사이끼리만 공유되는' 정보를 얻을 수 있다.

물론 이런 목적의식을 가지고 동기를 대하라는 것은 아니다. 다만 든든한 조력자가 될 수 있는 만큼, 동기를 소홀히 생각하지 않기를 바란다는 뜻이다. 퍽퍽하고 살벌한 직장 생활에서 마음 편하게 대화할 사람이 단 한 명만 있어도 큰 위로가 된다. 그리고 그 존재는 동기 사이일 확률이 높다.

반대로 입사 동기가 적이 되는 순간도 있으니, 이런 조짐이 보인다면 미리 조심해서 갈등을 예방하자. 예를 들어 처음엔 동기와 전혀 다른 부서였지만 조직 개편 및 부서 이동을 거치며 같은 부서에 배치되는 경우가 있다. 이런 경우 같은 해 입사라는 이유로 둘을 대놓고 비교하는 사람들이 많아진다. 게다가 한 명만 승진을 하고 나머지는 계속 승진 누락이 된다거나, 팀장이 한 명만 편애를 해서 애꿎은 둘의 사이만 불편해지는 경우도 많다. 따라서 같은 팀에서 동기를 만난다면 서로 매너 있게 행동하고, 조심하면서 거리를 두어 갈등을 줄이는 편이 낫다.

또한 유관 부서로 만나서 함께 일해야 하는데 동기라고 오히려 더 막 대하고 힘들게 하는 경우도 있다. 나 역시 유관 부서로 만났던 동기 A가 정말 불쾌하게 행동했던 경험이 있다. 선배들한테는 싹싹하게 대하면서 나에게는 어찌나 개념 없이, 기분 나쁜 표정으로 대하던지. 원래 친하지도 않았지만 "나는 이 상품 관련 업무를 계속해 왔는데, 너는 이쪽 업무를 한 지 얼마 되지도 않았잖아. 뭘 알겠냐? 모르면 가만히 있어라." 등의 말을 서슴지 않았다. 초반엔 그와 최대한 잘 지내보려 노력했지만, 나중엔 내 쪽에서도 기분 나쁜 말로 응대하게 되었다. 다행히 나와 친한 다른 동기가 A의 특징에 대해 알려 준 덕에 '나에게만 그러는 게 아니라, 원래 저런 사람이구나.'라고 받아들이는 데 도움이 됐다. 이런 갈등이 커지면 남들이 볼 땐 오히려 "동기끼리 왜 저러냐?"는 소리가 나올 수 있다. 그러니 최대한 조용하게, 손해 보지 않는 선에서 다른 동기들을 통해 해결해 나가자.

면접 프리패스의 기본 법칙

면접에서는 서류 전형 당시의 점수화된 스펙들이 영향을 미치지 않고 제로베이스가 되는 경우도 많기 때문에, 그동안의 스펙은 신경 쓰지 말고 면접에 집중하길 바란다. 이미 면접 기회를 얻어 놓고 '난 대학이 안 좋으니 들러리일 거야, 난 나이가 많아서 어차피 안 될 거야.'라는 생각으로 면접에 임하면 그 태도가 대답과 행동에 영향을 미치게 된다. 그러니 과거는 잊고 현재 할 수 있는 영역에 집중하기를 바란다.

신입으로 면접을 보는 이들이 저지르는 가장 큰 실수는 '자신에 대해서 말하려 하지 않고, 면접을 보는 회사의 피상적인 정보를 외워 간 뒤에 읊으려 하는 것'이다. 자신들이 요즘 어떤 사회봉사를 하는지, 자신들의 경영 철학을 알고 있는지를 중요시하는 회사도 있겠지만, 대부분의 면접관은 당신이 누구인지를 더 궁금해한다.

면접 직전에 회사 정보를 외우기보단 본인이 써 간 자기소개서를 한 번 더 읽고 가는 것을 추천한다. 예를 들어 자기소개서에는 '꼼꼼한, 추진력 있는, 사교적인 사람'이라고 써 놓고, 면접에서 단점을 이야기하라고 하니 "덜렁거려서 실수할 때가 있습니다."라고 하는 경우가 있다. 이렇게 자기소개서와 반대되는 이야기를 하면 거짓으로 작성했다는 게 들통난다.

많은 면접관들이 자기소개서 내용을 쓱 읽어 보며 질문거리를 찾는다. 이러한 이유로 자기소개서에서 나올 수 있는 예상 질문을 뽑아 답변을 미리 준비해 가는 것이 좋다. 아예 자기소개서를 쓸 때부터 '이 사례에 대한 질문이 들어오겠구나.'라고 예상하고 준비한다면 더 철저한 대답을 할 수 있다. 더불어 예상 질문에 대한 답변을 글로 적어 보면 자신의 대답이 얼마나 앞뒤가 안 맞는지 쉽게 파악할 수 있다. 반드시 글로 타이핑해서 문제점을 발견하고 제대로 된 대답을 준비하자.

더불어 더 좋은 대답을 준비하고자 한다면 면접 연습을 촬영해 보는 것도 좋다. 스마트폰으로 찍은 뒤 혼자서만 봐도 좋으니 직접 연습을 해 보자. 말에는 비언어적인 요소, 말투, 표정, 손짓 등의 영향이 크기 때문에 단순히 답변 내용뿐만 아니라 문제가 되는 말투나 표정이 있지는 않은지 체크하는 것도 중요하다. 이 연습을 위해 취업 준비생들끼리 스터디를 만드는 걸 적극 추천한다. 함께 모여 연습을 하면 서로 몰랐던 단점을 찾아 주곤 한다. 그 단점을 부정하기보다는 면접관이 알기 전에 먼저 알려 줘서 고맙다는 자세로 임하자.

또한 대답을 할 때는 그 한 마디 한 마디가 '나, 뽑으면 잘할 만한 사람이에요.'라는 자기 어필과 같다는 점을 명심하자. 같이 일하고 싶을 만한 사람으로 보여야 한다. 그러니 대답할 때 표정도, 인상도 신경을 쓰는 것이 좋다. 만약 면접 중 실수를 했더라도 인정하고 바로 다음 단계로 넘어가야 한다. 앞에서 저지른 실수에 계속 신경을 쓰다 보면 다음 답변에서도 실수를 하는 경우가 많다.

면접장에 들어가기 전에도, 면접장에서 나오고 난 뒤에도 당신을 지켜보는 눈이 있다는 사실을 잊지 말자. 면접은 잘 봤는데 이후 근처 카페에서 거친 행동을 하는 것을 면접관이 목격해서 탈락한 경우도 있다. 근처에서 욕을 하며 통화하는 모습을 누군가가 볼 수도 있다는 자세로 임해야 한다. 면접용으로 정리한 헤어스타일에 정장까지 입고 있는 당신은 누가 봐도 그 회사 면접을 보러 온 사람이란 걸 알 수 있다. 회사 근처에는 자신을 지켜보는 눈이 있으며, 집에서 나가는 순간부터 집에 들어오는 순간까지가 모두 면접이라고 생각해야 한다.

면접이 끝난 뒤에는 면접 때 저지른 실수를 오답 노트 쓰듯 기록해 두는 것도 좋다. 떠올리기도 싫겠지만 가능한 한 기록을 해 두면 실수를 반복하지 않는 데 큰 도움이 된다.

경력직 면접이라면 경력기술서에 쓴 업무에 대해 자세한 질문이 나올 수 있다는 것을 염두에 두자. 나는 면접 중에 '당신이 했던 일 중 하나의 전체 프로세스를 말해 보라.'는 질문을 받았었다. 어떻게 시작하게 됐고, 중간에 어떤 어려움이 있었고, 어떻게 해결했으며, 성과는 어떻게 났는지를 총체적으로 설명해야 했다. 전혀 모르는 이에게 업무의 전체 프로세스를 설명하기란 쉽지 않다. 그러니 가능한 한 모든 예상 질문을 뽑아 미리 대답을 연습해 둬야 한다.

나의 지인은 '지원한 회사에서 당면한 문제 A에 대해 해결책을 제안해 보라.'는 과제를 받아 프레젠테이션을 준비해 갔다. 사실 실무자들도 쉽게 해결하지 못하는 문제이므로 해결책이 금방 나오지는 않겠지만, 이럴 땐 본인의 경험과 연결해서 최소한 이런 역할에 기여할 수 있다고 어필해야 한다.

직무에 대한 질문이 끝난 뒤에는 회사 안에서 어떤 역할을 하는 팀원인지 묻기도 한다. 면접에 가기 전에 미리 자신의 대인관계를 되돌아보고, 스스로가 팀 내에서 어떻게 협업을 해 나가고 존재하고 있는지를 정리해 보자. 팀에서 또라이 한 명 안 겪어 본 사람은 없겠지만, 면접 때 "또라이 때문에 힘들었습니다."라는 말을 할 수는 없지 않은가. 사람들 간의 문제를 어떻게 해결했고, 주변 사람이 자신을 어떻게 보는지 사실에 기반한 설명을 준비해야 한다.

또한 신입 면접이든 경력 면접이든 1분에서 3분 정도 자기소개를 준비해 두는 것이 좋다. 신입이라면 자기소개서를 간추린다고 생각하자. 본인에 대한 한 마디 소개 이후 3개 정도의 형용사를 잡아 경험과 함께 자신을 소개하고, 마무리 멘트를 하면 된다. 예시를 들어 보면 다음 페이지와 같다.

저는 <u>끈기</u> 하나만큼은 인정받는 지원자, 로미입니다. 저는 *끝까지 포기하지 않는 뚝심*을 가지고 있습니다. 덕분에 *처음에는 학점이 낮았지만 전공을 파고들어 A+를 받으며 교수님의 연구를 돕는 작업까지 할 수 있었습니다.* 또한 저는 성실한 청년으로 통합니다. *대학 생활 내내 한 번도 결석, 지각을 한 적이 없고, 학교 근로를 할 때에도 성실하게 잘해서 선배들의 예쁨을 받았습니다.* 마지막으로 저는 <u>넉살</u> 좋은 학생입니다. *선배들에게도 밥 사달라고 먼저 다가가고, 교수님께서 먼저 질문을 하며 친해지다 보니 "영업을 해도 잘하겠다."라는 소리를 듣곤 했습니다.* 이처럼 저는 귀사에 입사한 뒤에 힘이 되는 막내가 되어 꾸준하고 성실하게 맡은 역할을 해내겠습니다.

(밑줄은 자신을 드러내는 형용사, 기울임은 그 형용사를 대표할 만한 경험)

경력이라면 자기소개 시 "어느 팀에서 어떤 역할을 해 왔고, 이런 업무를 수행하고 있습니다."라는 식으로 업무 중심 소개를 준비하면 된다. 말하다 보면 길어질 수 있으니 1~3분 안에 말할 수 있도록 미리 준비해 가자. 일반적으로 팀장, 파트장 등 실무자 레벨에서는 '이 사람이 정말로 이 역할을 해낼 만한 사람인가?'에 집중하고, 임원급이면 '인성, 성향이 이 회사와 잘 어울리는 사람인가?'에 집중한다.

경력직의 경우 이직 사유를 묻는 질문도 흔하다. 대부분은 본인의 성장 욕구를 드러내라고 말하는데, 사실 마땅히 정말 좋은 대답이라고 말할 만한 이직 사유가 따로 있지는 않다. 참고로 나는 "기존 회사에서 8년 반을 다니며 많이 배웠지만, 더 성장하고 싶다는 답답함을 느꼈다. 특히 내가 하려는 업무가 이직하려는 업계와 함께 성장할 수 있는 부분이 있을 것 같아 지원했다."고 대답했다. 이는 상투적인 대답이었으리라.

이직에 도가 튼 한 지인은 "내가 기존 회사를 떠나고 싶었던 게 아니라, 이 회사가 사람을 필요로 한다기에 지원한 거다. 이 회사는 채용을 자주 안 하지 않냐. 이번에 구인을 하기에 지원한 것뿐이다."라고 답했다고 한다.

마지막으로 물어볼 질문이 있냐는 말에는 피곤에 찌든 면접관을 위해 아무 말도 하지 않는 편이 나을 수 있다. 면접 생각만 해도 떨리겠지만, 면접은 지원자만 테스트 당하는 과정이 아니라 지원자도 해당 회사를 테스트하는 과정과 같으므로 너무 겁먹지 말자. 떨릴 수밖에 없겠지만 당신뿐만이 아니라 다른 지원자들도 모두 떨고 있으니 크게 불리한 상황은 아니다.

면접은 자신과 다른 가상의 인물을 연기하는 자리가 아니다. 자신의 수많은 모습 중 회사에서 보여 줄 모습을 '미리보기'로 맛보게 해주는 자리다. 영화나 드라마 미리보기에서도 가장 매력적인 장면을 보여 주는 것처럼, 면접에서도 당신의 가장 매력적인 면을 보여 줘야 한다.

사실 면접을 잘 보는 것과 실무 능력과의 상관관계는 증명된 바 없다. 하지만 그들의 관문을 통과하기 위해 최대한 철저히 준비해 보자. 면접 준비가 허무하다고 생각하지 말자. 면접을 연습해 두면 중요한 발표를 하거나 중요한 보고를 할 때 유용하게 쓰이는 스킬을 얻게 될 것이다.

마땅히 지원자를 검증할 방법이 없기 때문에 면접이라는 관문을 통과해야 하는 것이다. 이 시스템을 인정하고, 꼼꼼히 준비해서 합격하는 통쾌함을 느껴 보자.

Chapter 3

Growth

직장에서 성장력을 높이는 업글 인간의 기술

성장의 필수 조건 멘탈 트레이닝

자괴감에 빠진 너에게

"팀장님 없는 저희 팀은 앙꼬 없는 찐빵이죠!"
"팀장님 좋아하시는 곱창으로 회식하러 가시죠!"

아부하는 선배들을 볼 때면 저렇게까지 해야 하는 건지
직장 생활에 부끄러움과 자괴감이 몰려온다.

난 회사에서 다 같이 있을 때 말 한 마디 꺼내기도 힘든데,
제발 나에게 말 걸지 않기만을 바라고 있는데,
어떻게 저렇게 자존심 다 내려놓고 말할 수 있는 걸까.
난 저런 말을 하고 싶지도 않고, 할 자신도 없다.

아부하지 않고 솔직함으로 무장한 선배를 보면 부럽다가도
그렇게까지 할 자신은 없어 대리 만족에 그칠 뿐이다.

나도 나름 친구들끼리는 잘 어울리는데
회사에서는 왜 적극적으로 어울리지 못하는 걸까.
나에게 맞지 않는 회사로 와서 그런 걸까,
애초부터 내가 조직 생활에 어울리지 않는 사람인 걸까.

표정이 많던 내가 어느 샌가 무표정한 직원이 되었다.
가식적인 가면 대신 포커페이스를 유지하는 중이다.
"무슨 일 있나? 표정이 왜 이리 안 좋아?" 하는 상사에게
대답하는 것도 지친다.

팀장님과의 면담, 코칭 시간이 다가오면 가슴이 뛴다.
엄청나게 깨진 날엔 붕괴된 멘탈이 표정으로 다 드러나서
새빨개진 얼굴을 숨기고 싶을 뿐이다.

직장 생활을 하면서도 나를 잃고 싶진 않은데,
빽도 없고 갈 데도 없으면서 퇴사만 꿈꾸고 있다니.

이렇게 지내도 괜찮을까?

요령이 길을 덜 힘들게 만들어 줄 거야

팀장님의 웃기지도 않은 말엔 오버해서 웃으면서
내 말에는 무조건 쏘아붙이며 공격하는 선배 때문에
직장 생활에 환멸과 허탈함을 느끼고 있지?
그런데 연말 평가를 10년간 겪어 보니
결국 그들도 본인을 지키기 위해 요령껏 행동하는 거더라.

아부를 잘하던 선배는
좋은 평가를 받아 팀장님과 사이가 돈독해지고,
솔직함으로 무장한 사이다 선배는
나쁜 평가와 함께 힘든 업무만 배정받아 불만이 많아지고,
억울한 일을 당했을 때 상사와 싸우던 팀원은
결국 팀에 못 어울리는 사람으로 찍히곤 했지.

다들 먹고살기 위해, 불이익을 당하지 않기 위해,
살아남기 위해 그렇게 바뀐 거였어.

사람은 이성보다 감성에 훨씬 큰 영향을 받잖아.

듣기 좋은 말은 결국 사람의 마음을 움직이지.

사랑하는 이에게 내 방식대로 일방적인 사랑을 외치기보단

상대방이 좋아하는 것을 알아내서 행동하는 게

훨씬 더 마음을 많이 움직이는 것과 같아.

회사도 결국 사람이 이끌어 가는 거고,

사람 사이에는 요령이 필요하지.

요령이 필요하다는 건 너의 본모습을 없애라는 말이 아니야.

너 자신을 지켜 내기 위해 네가 하고 싶은 정도로만,

네가 할 만한 수준으로만 요령껏 활용해 봐.

깨진 멘탈의
회복 탄력성을 키우는 법

많이 혼난 날, 당일에 바로 마음을 100% 회복하는 사람은 흔치 않다. 그러니 바로 회복하지 못한다고 자책할 것 없다. 그럴 때면 감기에 걸린 거라고 생각해 보자. '감기에 걸리면 컨디션을 완전히 회복하는 데에 2주 정도는 걸리지.'라고 인지하고 대비하는 것처럼, '기분 나쁜 말을 들었으니 3일 정도는 감정이 상해 있겠네. 그래도 3일 정도만 지나면 평소처럼 괜찮아질 거야.'라고 생각해 보자. 우리도 사람이기에 기분 나쁜 말을 들으면 감정이 상하는 건 당연하다. 이로 인해 불편해진 감정의 종료 시점을 가늠해 두고, 감정을 덮거나 부정하려 하지 말자.

이 기간 동안, 예를 들어 3일간은 당신을 기분 나쁘게 한 사람을 실컷 욕하고, 울어 버리고, 짜증도 내자. 그 후 빨리 정신을 회복하는 데 집중하는 것이 핵심이다. 같이 욕해 줄 친구와 실컷 물고 뜯고 맛보고 즐긴 뒤에는 자신의 감정을 확실히 직면하면서 불쾌함의 원인을 찾아야 한다. 사건 그 자체가 불쾌한 건지, 사건에 대한 자신의 주관적인 생각과 해석이 화나는 건지 따져 보는 것이다. 만일 후자라면 자신이 그 일에 지나친 의미를 부여하고 있는 건 아닌지 생각해 보자. 더불어 '나를 기분 나쁘게 한 선배도 나름의 입장이 있겠지. 그리고 그 사람은 원래 그런 방식으로 말하는 사람이잖아. 선배가 나쁘긴 했지만, 내가 이것 때문에 사흘이나 지나서도 힘들어하고 신경 쓸 가치가 있을까? 이게 다 내 손해는 아닐까?'라는 관점으로 생각하는 것이 좋다.

혼날 만한 일이 아니었는데 괜히 혼나서 억울한 경우도 많다. 팀장이 시킨 일 때문에 임원에게 혼나고 있는데 정작 팀장은 나 몰라라 발뺌을 한다든지, 내 직급에서 할 수 있는 만큼 최선을 다했는데 유관 부서에서 협조를 안 한다든지… 그런데 이런 억울한 일로 혼났다고 해서 회사를 그만두는 건 더 억울한 일이라는 걸 명심하자. 우리 모두 힘들게 들어온 회사가 아닌가. 엉뚱한 사건 때문에 일할 기회를 버리지 말자.

일일이 따져 가며 반박했다가 오히려 손해만 더 커질 수 있는 상황은 아닌지 정황을 잘 파악하는 것도 중요하다. A가 오해였다고 증명하려 한 건데, 괜히 '쟤는 혼내는데 대드는 애'라는 이미지를 얻게 될 수도 있다. 차라리 억울하고 더러워도 증거 자료를 잘 남겨 두고 나중에 활용하자는 마음을 가진 다음, 하루 이틀만 억울해하고 훌훌 털어 버리자.

멘탈을 추스르는 좋은 방법이 있다. 혼내던 사람의 말투와 표정은 싹 지우고 이 일의 배경과 사건, 결과를 명료하게 구분하여 정리하는 것이다. 아예 엑셀에 표를 만들어 두고 기분 나쁜 일이 있을 때마다 이를 기록으로 남기는 작업을 해 보자. 이 작업을 거치면 빠른 시간 안에 생각을 정리할 수 있다. 그러면 '회사 다니다가 이 정도 일은 흔하게 있는 거지, 뭐. 대단하게 신고할 만한 건 아니네. 지금 기분 나쁘긴 해도, 몇 주 동안 내내 힘들어할 주제는 아니다.'라고 정리를 할 수 있다. 계속 신경을 쓰는 게 억울해서라도 감정을 정리할 수 있게 된다. 이렇게 과감히 문제와 직면해서 정리해 두면 무작정 감정을 덮어 두고 지내다가 엉뚱한 데에서 터지는 것보다 훨씬 깔끔해진다.

또한 깨진 부분에 대해서 '그때 그 말을 이렇게 했어야 했는데! 그때 그렇게 행동하지 말았어야 했는데!'라는 후회가 드는 점을 기록하는 것도 좋다. '이 일로 인해 이런 점을 배웠다.'라고 작성해 두는 것도 잊지 말자. 머릿속에서 후회로 맴도는 부분을 배움이라는 기록으로 바꾸는 순간, 무거웠던 마음이 조금이나마 편해진다. 수많은 후회를 마주할 때마다 배웠다는 자세로 임하니 나의 그릇이 훨씬 넓어지고, 깨진 멘탈을 회복하는 데도 도움이 되더라. 특히 써 두지 않으면 점차 까먹어서 기억조차 나지 않는 경우가 많기에 자신만의 레슨 포인트를 기록해 두는 것은 성장에 큰 도움이 된다.

만약 오늘은 깨진 일에 대해 생각조차 하기 싫다면 '내일 오후 2시에 다시 생각하자.'는 식으로 기간을 정하고, 지금 당장은 그 일에 대해 잊는 '반추 미루기'라는 방법을 써도 좋다. 자꾸 반복해서 떠오르는 오늘의 일 때문에 너무 힘들다면 이렇게 반추 미루기를 하면서 걱정이 불러오는 무기력을 줄일 수 있다. 근심거리가 생기는 순간 메모장에 적어 두는 것도 미루기 방법 중 하나다. 이는 '근심거리 적어 두기'라는 전문 치료 방법이다.

　문제를 직면하든 미뤄 두든, 멘탈이 도망간 날에는 자신을 위한 회복의 시간을 가져야 한다. 단 10분이라도 반드시 시간을 내자. 회복의 시간을 갖지 않으면 그 에너지가 다음 날까지 영향을 미치고, 더 힘들어진다. 사람마다 회복하는 포인트가 다르다 보니 본인에게 맞는 위로 방식을 찾는 것도 중요하다. 감정을 전환하는 데 도움이 되는 방법으로는 생각 기록, 대화, 영화 또는 드라마 감상, 게임, 그림 그리기, 독서, 운동, 걷기, 명상, 맛있는 음식 또는 매운 음식 먹기 등이 있다. 아직 스스로를 위로하는 방법을 찾지 못했다면 이를 하나씩 시도해 보며 본인에게 가장 적절한 멘탈 관리 방법을 꼭 찾아보도록 하자. 잠에 들기 전까지 계속 떠오르는 회사에서의 고통은 건강에만 해로울 뿐이다. 우리는 회사에 다니기 위해 사는 게 아니라, 먹고 살기 위해 회사에 다니는 것이다. 삶에 방해가 된다면 회사를 바꾸든 자신의 인식을 바꾸든 둘 중 하나는 실행에 옮겨야 한다.

　나는 대화를 하며 깨진 멘탈을 주워 담는 편이다. 특히 남편과 저녁을 먹으며 오늘 있던 일에 대해서 이야기하는 것을 선호한다. 남편이 분명 기억하지 못할 걸 알지만, 그럼에도 불구하고 얘기를 하고 나면 마음이 좀 편해진다. 편하게 이야기를 털어놨기 때문이다. 말하다 보면 스스로 정리가 되는 경우도 많다. 듣는 이가 종종 좋은 조언을 해 주기도 하고, 같이 욕해 주기도 하고, 다른 관점을 제안해 주는 것도 도움이 된다. 누군가가 같이 욕해 주는 걸 기대한다는 게 조금은 유치해 보일 수도 있다. 하지만 사람은 본능적으로 '이런 상황에서 나만 이렇게 느끼는 게 아니다, 남들도 그렇다.'는 공감과 이해를 얻고 싶어 한다. 이는 지극히 자연스럽고 당연한 일이기에 부끄러워할 필요가 없다. 뒷담화가 돌지 않을 대상에게 하는 것이 중요할 뿐이다.

또 나는 회사 스트레스로 원형 탈모와 역류성 식도염이 생겼었고, 지인들은 암, 심장 질환, 예민성 대장 증후군, 갑상선 기능 저하, 극심한 생리통, 디스크, 우울증 등 여러 질병에 시달렸다. 그럼에도 불구하고 우리는 모두 먹고살아야 하니 회사를 쉽게 그만두지 못한다. 다만 건강은 '무엇을 겪었느냐'보다 '겪은 일을 어떻게 인식했느냐'에 따라 달라질 수 있다. 예전엔 괜찮았던 일을 또다시 겪었는데 지금은 쉽게 멘붕에 빠지는 경우처럼 말이다.

그러니 '오늘 이런 일을 겪어서 힘들어.'라고 생각만 하는 데 그치지 말고, '경험, 감정, 인식, 몸의 반응'의 단계로 나누어서 작성해 보자. 이에 관한 예시는 아래와 같다.

이런 일을 겪었을 때	→ 경험
이렇게 느꼈고	→ 감정
자꾸 관련해서 생각이 들고	→ 인식
소화가 안 되네	→ 몸의 반응

경험하자마자 몸이 반응한다고 느낄 수도 있겠지만, 사건을 어떻게 인식하는지에 따라 몸의 반응이 달라질 수도 있다. 직접 본인의 사례를 작성해 보며 이 점을 명심하자. 해골에 고인 물을 꿀맛으로 느끼며 마셨던 원효대사의 이야기와 마찬가지다. 같은 일을 겪어도 마음 상태에 따라 다르게 느껴졌던 경험들을 떠올려 보자. 순간의 감정은 바꿀 수 없지만, 인식을 바꾸다 보면 몸의 반응을 줄일 수는 있다. 건강을 위해 의도적으로 인식 단계를 건드려 줘야 한다.

마지막으로, 모두들 깨지며 산다는 점을 잊지 말자. 당신만 혼나거나 힘들어하는 것도 아니고, 그렇게 당신을 깬 상사도 늘 깨져 왔다. 오늘 혼난 이유는 당신이 '대단히 부족해서'가 아니다. 다른 사람이어도 비슷한 실수를 했을 것이다. 중요한 건 회복 탄력성이다. 이런 위기를 얼마나 잘 극복하고, 회복하고, 배워 나가느냐에 달려 있다. '내가 회사에서 수치심을 느꼈구나, 화가 났구나, 억울했구나, 부끄러웠구나.'라고 감정을 알아차린 뒤에, '이건 누구여도 이렇게 실수했을 거다. 나는 이 경험을 통해 배웠으니 다음번에 더 잘해 내자.', '그동안 잘해 온 것들도 많은데 이것 때문에 내가 중요하지 않은 사람이 되는 것도 아니고, 일을 못하는 사람이 된 것도 아니다. 나는 존재 자체로 중요하다.'라고 생각하자. 훈련을 통해 빠른 감정 전환을 하게 되면, 더 중요한 것에 집중하게 되어 훨씬 더 풍요롭고 안정적인 멘탈을 가질 수 있다.

감정을 컨트롤하는
호흡 명상법

회사에서 '욱!' 해서 후회하고 있다면 주목하자. 아무리 화가 나는 상황이었어도 정말 조심해야 하는 분 앞이었다면 쉽게 욱할 수 있었을까? 우리는 우리보다 약자 또는 동등한 위치라고 생각하는 사람에게만 쉽게 욱한다. 화를 내도 되는 사람이라는 인식이 기반에 있기 때문에 거침없이 화를 내는 것이다. 화를 내면 직업을 잃는다든지, 대대적인 망신을 당한다든지 하는 손해를 입을 게 뻔한 상황에서는 아무리 화가 나도 화를 참게 된다.

그러니 인정하자. 그동안 화를 낸 것은, 나도 모르게 그들을 '화내도 되는 사람'이라고 생각한 거라고. 나는 그들에게 화를 낼 권리가 없다고. 김미경 강사가 한 말이 있다. "화는 미세 플라스틱과 같아서 한번 생기면 없어지지 않는다. 누군가에게 화를 내면 그 사람이 또 다른 이에게 화를 내고, 그것을 당한 사람도 또 다른 이에게 화를 내는 식으로 사라지지 않는다." 당신이 욱해서 화를 내는 순간 당신의 이미지도 실추하고, 신뢰를 잃고, 뒤에서 무시를 당하고, 건강도 안 좋아질뿐더러, 다른 이들에게 그 화가 전염된다. 화를 전염시키는 주도자가 되고 싶지 않다면 마음속의 화를 풀어 줘야 한다.

화를 표출하지는 않았지만 혼이 나거나 일이 잘 안 풀려서 스스로 화를 주체할 수 없는 상황도 많다. 그런 상황에서는 감정을 빠르게 전환하는 것이 매우 중요하다. 그 상태로는 일도 잘 안 되고, 약자가 신경을 건드리면 쉽게 화가 분출되기 때문이다.

화를 너무 과하게 분출하면 다혈질의 분노조절장애자로 평가받고, 화를 아예 꾹 참고 살면 화병에 걸린다. 이러한 극단을 피하기 위해서는 세 가지 단계가 필요하다. 화가 났을 때 바로 감정의 요동을 알아차리는 것, 나 스스로를 위로하여 달래 주는 것, 감정을 누그러뜨리고 전환을 시켜 주는 것이다.

화를 내려놓는 가장 좋은 방법은 명상이다. 명상이라고 해서 도인들이나 하는 것으로 치부하지는 말자. 구글, 페이스북 등 유명 외국계 기업들에서도 직원들에게 명상을 권장하고 있다. 추천하고 싶은 명상은 가장 기본인 '호흡 명상'이다. 이는 아주 간단하다. 단지 할 수 있는 한 천천히 숨을 쉬어 보는 것이다. 들이마시고, 내쉬고, 들이마시고, 내쉬고… 아주 천천히, 호흡에 집중해서 숨을 쉬다 보면 어느샌가 심장 박동이 느려지며, 차분해진 몸의 변화를 느낄 수 있다.

숨쉬기에 더 집중하기 위해 숨에 이름을 붙이는 방법도 좋다. 천천히 숨을 마시며 마음속으로 '(배가) 불러옴'이라고 말하고, 천천히 숨을 내뱉으며 '(배가) 꺼짐'이라고 이름을 붙여 보자. 그렇게 '불러옴, 꺼짐, 불러옴, 꺼짐…'을 반복하다 보면 자연스럽게 호흡이 느려지고,

복식 호흡을 하게 되고, 점점 몸이 이완되며 차분해지게 된다.

물론 호흡 명상을 해도 화나는 사건이 자꾸 떠오를 수 있다. 그럴 때면 자신을 가장 즐겁게 만드는 사진이나 영상을 보자. 에메랄드 빛 바닷가든, 사랑하는 사람이든 평소에 좋아하는 강렬한 한 장면이면 된다. 그리고 그 사진이나 영상을 찍던 순간으로 감정과 집중을 전환해 보자. 이 작업을 하는 것은 채 1분도 걸리지 않는다. 잠시 이렇게 천천히 숨을 쉬고 다른 것을 보며 생각을 전환하는 것만으로도 화가 많이 진정되는 것을 느낄 수 있다. 쉽지만은 않겠지만 '이렇게 즐거운 순간을 위해 필요한 돈을 벌러 온 것뿐인데, 건강에 안 좋게 스트레스받을 것 있나.'라는 마음으로 훌훌 털어 버리려 노력하자.

사무실에서 감정 전환을 하기가 힘들다면 화장실이든 휴게실이든 잠시 자리를 이동해서 호흡 명상을 해 보자. 혼자 조용한 곳에서 하루 3분이라도 꾸준히 호흡 명상을 연습해 두면 화가 나는 순간에도 집중해서 감정 전환을 할 수 있다. 뭐든 해 본 사람이 계속하는 법이다. 이 페이지를 그냥 눈으로만 읽고 넘어가지 말고, 천천히 호흡하는 것을 단 1분이라도 따라 해 보길 추천한다. 그리고 정말 욱하는 순간이 닥쳤을 때 연습했던 것을 떠올리며 실천해 보기를 바란다.

전문가까진 아니지만 회사 안에서 명상 트레이너 교육을 받고 활동하며 배운 방법과 나만의 방식을 복합해서 가장 쉽게 따라할 수 있는 수준으로 간단하게 소개해 드렸다.

이에 더 관심이 있다면 아래 QR코드로 들어가 유튜브 영상을 보며 공부해 보는 것을 추천한다.

명상을 한 뒤에 불면증이 사라지고, 욱하는 게 사라지고, 마음의 평화를 얻었다는 사례가 많다. 육체적 건강을 위해 운동하며 몸의 근육을 만들듯, 마음도 명상 공부를 통해 마음의 근육을 단련해야 한다. 명상은 별다른 돈이 들지 않고 어디서든 쉽게 할 수 있어 지쳐 있는 직장인이 하기에 매우 적합한 활동이다. 욱하는 자신의 모습에 자괴감이 들거나 쉽게 마음이 진정되지 않는다면 마음 챙김 명상 공부를 시작해 보자.

갑질에 휘둘리지 않는
비결

회사를 다니다 보면 성악설을 믿게 된다. 어쩜 저 정도로 막말을 하고 갑질을 할 수 있는지. 단지 회사를 조금 더 먼저 들어왔다는 이유로 저렇게 행동할 자격이 주어지는 게 아닌데. 특히 평가와 인사 권한이 있는 팀장급 이상이 갑질을 할 때면 압박감이 더 심해진다. "너를 힘든 팀으로 보낼 수 있다, 너를 퇴사시킬 수 있다."고 으름장을 놓는 모습을 보면 이런 회사를 더 다녀야 되나 싶어진다.

그럴 때면 명심하자. 인류는 기록 덕분에 발전했다. 우리도 기록을 하자. 자신이 당한 갑질을 있는 그대로 기록해 두는 것이 중요하다. 그때 느낀 '감정'을 쓰자는 것이 아니다. 실제로 그가 뱉은 말, 상황, 행동을 마치 드라마 대본을 쓰듯 '기록'해 두자는 것이다. 성희롱처럼 도가 지나치다면 녹음도 해 두는 것이 좋다. 사전 고지 없이 녹음한 경우 상대방이 언급한 내용은 법적 효력이 없긴 하지만, 상황을 증명하기 위해 "방금 저한테 이렇게 말씀하셨죠?"라고 반복해서 언급해 두자.

기록한 것으로 무조건 신고하라는 게 아니다. 신고하려는 용도가 아니라 하더라도, 일단은 기록을 해 두면 생각이 정리된다. 그러면 상황을 좀 더 객관적으로 바라보게 되므로 조금이나마 덜 힘들어지면서 버티는 힘이 생긴다. 저 사람이 도를 지나치면 언제든 신고할 준비가 되어 있기 때문에 '이 관계의 키는 나에게 있다.'는 생각이 든다.

만일 정말 신고를 할 생각이라면 그에 앞서 많은 점을 고려해야 한다. 일단 고발자라는 꼬리표가 붙을 수 있다. "쟤, 팀장 내보낸 애 잖아."라는 소문을 달고 다니며 불이익을 받더라도 감수하고 신고할 만한 가치가 있는지 생각해 보자. 고발자에게 안 좋은 소문이 나는 문화는 사라져야 하는 게 당연하지만, 안타깝게도 여전히 그런 조직이 많다. 또한 확실하게 회사 규정상 처벌받을 만한 수준의 갑질이 있어야 한다. 어설프게 신고했다가 경고만 조금 받고 계속 같은 팀에서 지내게 되면 얼마나 불편하겠는가. "나도 밟으면 꿈틀대는 사람이야, 나도 만만한 사람 아니거든!"이라고 말하고 싶은 마음은 충분히 이해할 수 있다. 하지만 제게 떨어질 손해를 감수하면서까지 그럴 가치가 있는지는 꼼꼼하게 계산을 해 봐야 한다. 물론 금전 요구, 성희롱 및 성추행, 폭력 등에 해당하는 갑질일 때는 신고를 하는 것이 백번 맞다.

신고 외의 방법으로 갑질을 멈출 방법을 찾는다면? 사람은 고쳐 쓰는 거 아니라는 말이 있다. 남이 바뀌길 기대하지 말자. 팀을 옮기는 것, 회사를 옮기는 것, 그 사람이 뭐라 하든 흔들리지 않을 멘탈을 갖는 것. 안타깝지만 이 세 가지가 가장 현실적인 대안이다. 더불어 신고까지 할 생각이 없다면 초반부터 확실하게 'NO'를 표현하는 것이 최선이다.

나의 지인인 A씨는 노래방에서 다른 부서 팀장이 팔 안쪽 살을 만지작거린 적이 있는데, 그때 뿌리치듯 팔을 잡아 뺐더니 다행히도 그 뒤로는 터치가 없었다고 한다. 물론 그 당시는 성추행 신고를 했더라도 큰 처벌이 없었을 시대여서 이 정도로 지나갔다지만, 이제는 시대가 달라졌으니 그냥 좋게 넘어가지 말자. 특히 손을 잡는다거나 애매한 스킨십을 시도했을 때 많은 여직원들이 머뭇거리다가 계속 반복되는 성추행을 겪게 된다. 뭐가 됐든 안 좋은 행동은 관계 형성 초반에 휘어잡아야 한다는 사실을 잊지 말자. 살짝만 건드려도 확 내빼는, 거부하는 제스처가 중요하다. 말만으로는 알아듣지 못하는 이들이 있다. 강아지나 아이에게 안 된다는 것을 가르칠 때 몸을 휙 돌려 싫다는 의사표현을 하는 것과 마찬가지다. 성추행을 하는 이들은 개나 아이 수준의 인지능력을 가졌다고 여기면서 커다란 행동으로 의사를 표현하자. 망설이는 듯한 태도를 보이면 그걸 자기 좋을 대로 내숭, 밀당이라고 오해하는 이들이 있다는 걸 명심하자.

돈을 빌려달라는 등의 무리한 요구를 할 때도 힘없는 목소리로 대답하기보다는 "네? 돈이요? 지금 차장님이 저 같은 대리한테 돈을 빌려달라고 하신 거예요?"처럼 그 사람의 행동을 말로 다시 정리해서 말해 주며 과장되게 행동하는 편이 낫다. 무안하겠지만 이 사람한테 '다시는 이런 주제로 말을 꺼내지 않아야겠다.'라고 느끼게 해 주는 쪽이 훨씬 편하다. "아, 장난치신 거죠? 차장님이 그러실 분이 아닌데 깜짝 놀랐잖아요."라는 식으로 무안해하지 않게끔 마무리만 해 주면 된다. 앞으로 계속 업무 얘기를 해야 하는데 어떻게 그렇게 반응하느냐고 생각할 수도 있겠지만, 아닌 건 아니라고 확실히 정리하고 업무 대화를 하는 편이 차라리 깔끔하다.

이 외에도 신고할 만한 수준은 아닌데 쉽게 짜증을 낸다거나, 과하게 사생활을 물어본다거나, 무례한 표현을 하며 갑질을 하는 경우도 많다. 우선 너무 많은 말을 걸어 와서 힘든 경우라면 대답을 잘 해 주지 않는 방법이 있다. 상대방의 반응을 무시하는 사람도 일부 있지만, 대부분은 잘 들어 주는 사람에게 말을 하게 되어 있다. 속으로는 불쾌하게 여기면서도 겉으로는 계속 이야기를 잘 들어 주고 대답해 줬기 때문에 상대방이 당신에게 계속 이야기하고 있는 건지도 모른다. 계속 대답해 주다 보면 상대방 입장에선 함께 공감하고 있다고 느꼈을 수 있다. 당신의 속이 썩어 들어가고 있거나 부정적인 기운에 전염되는 등의 힘든 상황이라면 차라리 별로 듣고 싶지 않다는 표현을 하는 편이 낫다. 대놓고 "그만 좀 말하세요."가 아니라, "죄송해요, 지금 조금 바빠서요." 또는 "아, 제가 지금 대화할 상황이 아니어서요."라는 식으로 반복해서 대화를 피하다 보면 상대방도 알아차리게 될 것이다.

기분 나쁜 말을 많이 하는 사람은 최대한 접점을 피하는 편이 낫다. 똑같이 상대했다간 당신의 이미지만 나빠질 수 있다. 또한 그에게 기분 나쁘다고 표현해 봤자 사람은 쉽게 바뀌지 않는다. 오히려 왜 그렇게 예민하게 구냐고 이상한 사람 취급을 받을 수도 있다. 어차피 회사에 출근해서만 볼 사람이니, 최대한 대화의 접점을 줄이자. 만날 때마다 짜증나는 건 어쩔 수 없겠지만 그 사람은 어디 가서도 그러는 사람이라는 걸 잊지 말자. 드라마를 본다고 생각하고 제3자의 관점에서 바라보면 "참 특이한 사람이네."라고 웃어넘길 수 있게 된다.

마지막으로 갑질을 당하며 받은 스트레스를 나 또한 누군가에게 갑질하며 풀지는 않았는지 생각해 보자. 상사들에게 받은 갑질을 무의식중에 콜센터 직원에게 퍼붓지는 않았는지, 슈퍼마켓 직원에게 풀진 않았는지 말이다. 화는 전염된다. 당신에게 왔던 그 선배의 갑질도 '내리갈굼(더 위의 상사에게 혼난 뒤, 아래 직원에게 화풀이를 하는 것)'이었을 수 있다. 그릇이 작으면 받은 만큼 어딘가에 풀게 된다. 그러니 사람을 미워하기보단 현상을 탓하자.

다행히 직장 내 괴롭힘 방지법도 생겼고 예전에 비해 갑질 문화가 많이 개선되고 있다. 잘 느껴지진 않겠지만, 수년 전과 비교하면 눈부신 발전을 이뤘다. 갑질에 너무 휘둘리지 말고 희망을 가진 채로 지내자. 자신을 단련하는 과정이라 생각하니 고통도 어느 정도는 즐길 수 있게 되더라. 대한민국 직장인들 화이팅!

상사와의 면담을
활용할 줄 아는 힘

회사원이라면 피할 수 없는 관문, 팀장님과의 면담 시간이다. 회사에 따라 다르긴 하지만 1년에 한 번, 분기에 한 번 등 주기적으로 겪어야 하는 일이다. 아래 직원의 입장에서는 면담을 할 때 대체 무슨 말을 해야 하는 건지 부담이 크다. 일대일로 얼굴을 마주하고 대화하는 상황에서 예상치 못한 질문이라도 받으면 어떻게 답해야 할까 긴장도 된다.

우선, 팀장들도 면담을 부담스러워한다는 사실을 기억하자. 그들도 얼마 전까지 팀원이었다. 시간이 흘러 팀장 자리에 올라가긴 했지만 곧바로 팀원 코칭에 능숙해지거나 그 순간을 즐기게 되는 사람은 드물다. 게다가 요즘에는 많은 회사에서 팀장 평가 제도를 도입하고 있는 추세라서 부하의 평가를 신경 쓰는 경우도 많다. 물론 실제로 그 평가가 반영되지 않는 회사가 더 많긴 하지만, 적어도 임원들이 확인하는 평가에 본인에 대한 안 좋은 소리가 나오지 않기를 바란다. 그러니 마치 면접 자리처럼 '나만 평가당하는 시간'이라고 생각할 필요가 없다. 너무 위축되지 말자.

면담 시간에는 그동안 느낀 고충이나 요구 사항을 말해도 된다. 다만 너무 솔직하게, 개인의 이익만을 위한 느낌으로 전달해선 안 된다. 같은 말을 하더라도 말투, 방식이 중요하다. 모든 말을 자신의 감정, 1인칭 위주로 말하는 것보다는 팀의 입장에서 자신의 부족함을 말하되 하고 싶은 메시지를 전달하는 것이 핵심이다.

예를 들어 성장하지 못한다는 느낌을 받을 때 "이 팀은 제가 배울 게 없는 것 같아요."처럼 자기 관점에서만 말해선 안 된다. "제가 현재 맡은 업무들을 하다 보니 점점 정체된다는 느낌이 듭니다. 가능하다면 다른 종류의 업무를 해 보고 싶습니다."처럼 순화해서 표현하자. 팀을 옮기고 싶다는 의사를 표현할 때도 "다른 팀으로 옮기고 싶습니다."라고만 말하지 말고, "이 팀은 정말 좋은 곳이지만, 저에게는 안 맞는 옷인 것 같습니다. 그러다 보니 제가 팀에 충분히 기여하지 못한다는 생각이 듭니다. 기회가 된다면 다른 곳으로 옮기고 싶습니다."라는 식으로 부드럽게 말하는 연습을 하자.

팀의 업무 배치나 업무 프로세스가 엉망이라 하더라도 "일을 제대로 쳐내 주셔야죠."처럼 공격적으로 말하기보다는 "지금 팀에 일이 너무 많아서 팀장님도 힘드실 것 같은데, 제가 그만큼 못하고 있는 것 같아서 답답하네요. 저는 한 번에 많은 일이 몰리면 자꾸 실수를 합니다. 아무리 노력해도 아직 저의 레벨이 낮다 보니 제 수준에 맞춰서 조금씩 숙련해 나가야 할 것 같습니다. 지금 업무가 몰려서 문제가 생기고 있는데, 조정을 해 주실 수 있으실까요?"라는 식으로 부드럽게 표현해 보자.

팀원들 간에 불편한 감정이 있는지에 대해 물어본다면 "김 과장님은 정말 이상한 것 같아요."라고 말하기보단 "제가 아직 사회생활이 서툴러서 그런지, 노력하고는 있는데 친해지기 어려운 분들도 있는 것 같습니다."와 같이 겸손한 자세로 말해야 한다. 특히 최근 팀장님께 혼났던 일이 있었다면 차라리 먼저 나서서 "제가 실수를 반복해서 저번에도 팀장님께 죄송했는데, 어떻게 해야 실수를 줄일 수 있을지 혹시 팁 같은 걸 주실 수 있으세요?"라는 식으로 먼저 말을 꺼내는 방법이 좋다.

예시 멘트를 보며 '저렇게 오글거리게 딸랑딸랑 멘트를 해야 하냐?'고 생각할 수 있다. 그런데 말 한 마디가 천 냥 빚을 갚는다는 말이 괜히 있는 게 아니다. 사람은 감정적인 동물이다. 하고 싶은 말을 할 때, 상대방이 원하는 방식으로 말하는 것은 조직 생활의 윤활유 역할을 한다. 이왕 말할 거라면 부드럽게 말하라는 의도에서 최대한 부드러운 예시를 들어 둔 것이니 본인이 할 수 있는 수준에서 활용하길 바란다.

물론 "윗사람에게 말해 봤자 소용없어. 아예 말을 하지 말고 그냥 듣기나 해."라고 말하는 선배들도 있다. 팀장의 성향을 고려해서 통하지 않을 말이라면 차라리 하지 않는 편이 나을 수도 있다. 하지만 이왕 할 말이 있다면 면담 시간을 활용해서 부드럽게 요구 사항을 전달해 보도록 하자.

가능한 한 미리 할 말을 생각해 가는 것도 좋다. 순발력이 떨어져서 팀장님의 즉석 질문에 대답할 자신이 없다면 차라리 말을 자연스럽게 주도해서 편한 흐름을 만들자. 예시는 아래와 같다.

1. 최근 업무에 대해서 느낀 점, 팀장님께 말씀드리고 싶은 부분

2. 앞으로 팀 내에서 하고 싶은 업무
→ 당장 실행할 수 없는 것이어도 '다른 팀원이 하는 일을 보니 저런 종류의 일을 해 봐도 좋을 것 같다.'는 식으로 말할 수 있다.

3. 커리어를 장기적으로 어떻게 가져가고 싶은지
→ 없다면 솔직하게 '아직 방향을 잡지 못했다.'고 말할 수 있다.

4. 팀원 간에 느끼는 특이 사항

5. 팀장님께 감사한 구체적인 사례

Tip. 아무리 생각해 봐도 할 말이 없다면? "감사합니다, 부족해서 죄송합니다." 모드로 나가는 게 제일 안전하다.

만약 팀장님을 쳐다보기도 싫은 경우라면, 명심하자. 나중에 팀을 이동할 때 당신의 평판에 가장 큰 영향을 주는 건 팀장님이라는 것을. 또 윗사람과 부딪쳤을 때 얻는 건 거의 없지만 잃는 건 많다는 것을. 아무리 싫어도 나와 같은 배를 탄 내 사람이다. 팀장님께는 인사

권한(우리 팀에 데리고 있을 것인가)과 평가 권한(연말 평가)이 있다. 적어도 당신을 다른 팀으로 보내 버리지 않고 팀 내에 보듬고 있다는 점을 감사하게 생각하자. 당신을 내보내려는 상황이었을 수도 있고, 다른 팀들이 더 지옥 같을 수 있다. 최악의 상황보다 지금이 낫다고 자기 최면을 걸고, 면담 시간을 무사히 넘기길 응원한다.

억울할수록 빛나는
묵비권 활용법

학생 때는 시험에서 맞춘 문항 수만큼 성적이 나오지만, 회사 업무는 좋은 성과가 꼭 좋은 평가로 이어지지는 않는다. 선배들의 승진을 위해 양보해 주느라 낮은 평가를 받는 경우, 개인 성과는 잘 나왔지만 조직 전체의 성과가 잘 나오지 않아 덩달아 안 좋은 평가를 받는 경우도 흔하게 접할 수 있다. 직원 개인의 역량 밖에서 결정되는 것이니 신경 쓰지 말라고 말하기에는 무시하기가 쉽지 않은 것이 사실이다. 평가가 승진, 연봉 인상률에 직접적인 영향을 미치기 때문에 신경이 쓰이는 것도 당연하다.

왜 회사에서는 어떻게 해야 평가를 잘 받는지 알려 주지 않는 걸까? 왜 시험을 위한 문제집은 있는데 회사에서 좋은 평가를 받는 족보는 없는 걸까? 그건 바로 '사람이 결정하는 일'이기 때문이다.

명심하자. 평가는 결국 평가권자인 팀장, 임원 등의 상사들이 결정한다. 평가는 업무 실적이 높은 이보다는, 리더가 좋아하는 사람에게 잘 주는 경우가 많다. 게다가 상대 평가이기 때문에 같은 팀 내에서 누군가는 좋은 평가를 받고, 누군가는 안 좋은 평가를 받을 수밖에 없다. 이러니 회사에서 굳이 평가 잘 받는 방법을 교육해 줄 리가 없다. 이 때문에 '더럽고 치사하다, 정치까지 해 가며 평가를 잘 받을 마음은 없다.'고 생각하는 사람들도 생긴다.

내가 대리였을 때, 상품기획 팀에서 해당 연도의 주력 상품들을 출시하며 매출을 포함한 KPI(Key Performance Indicator, 핵심성과지표)에 크게 기여했다. 팀의 당해 KPI 보고서에도 나의 업무들이 채워졌다. 파트장도 팀장님께 "올해 A는 민지 대리가 받아야 한다, 업무를 많이 했고 기여도 많이 하지 않았냐."고 말씀드렸다. 참고로 평가는 S, A, B C, 순이었고 S는 거의 없는 해였다.

하지만 결국 팀장과 제일 친하고, 팀장의 푸념을 잘 들어 주고, 팀장에게 담배 친구가 되어 주고, 개인 업무의 성과는 없던 다른 직원이 높은 등급을 받았다. 당시에 나는 평가에 별 욕심이 없어서 전혀 신경 쓰지 않았다. 하지만 지나고 보니 실제 나의 성과가 매우 컸음에도 불구하고 평가를 B로 받은 건 꽤나 억울한 케이스였다. 그때 A를 받았더라면 승진을 쉽게 할 수 있었기 때문이다. 당시 팀장은 "김대리, 올해 너무 잘해 줘서 평가도 잘 주고는 싶지만 팀 상황이 여의치 않아서. 다음에 잘 줄게요."라는 식으로 얼버무렸다. 그 후에도 나처럼 성과는 잘 냈지만 정작 평가는 잘 못 받는 후배들을 많이 봤다. 그래서 어떤 이들이 평가를 잘 받는지 주변 지인들의 이야기에 귀를 기울여 봤다.

결론적으로는 어떤 회사, 조직이든 평가를 잘 받는 이는 '리더의 말을 잘 들어 주고, 리더와 밥 친구며 담배 친구며 술친구가 되어 주고, 또 리더의 편이 되어 주는 사람'인 경우가 많다. 많은 리더들이 시키는 대로 하면 누구든 업무 성과를 낼 수 있다고 생각한다. 개별 역량이 바로 보이는 일부 영업 등을 제외하면 말이다.

즉, 시키는 대로 하는 건 기본이고 중요한 건 리더와의 협업 능력이라고 보는 거다. 억울하지만 리더들도 사람이고, 사람은 감정적으로 행동한다. 현실을 직시하자. '내가 팀장이라면 나와 친한 이보다는 성과대로 평가를 줄 거야.'라는 생각을 하고 있다면, 꼭 그 생각을 유지하며 공정한 사회를 만드는 데 기여해 주었으면 좋겠다. 하지만 아마 그들도 팀원이었을 땐 그렇게 생각하지 않았을까. 자리가 사람을 만든다고 하니.

팀장의 오른팔, 왼팔까지 될 마음은 없지만 성과만으로 좋은 평가를 받고 싶다면? 확실한 성과를 만드는 것과 동시에 어느 정도 성과에 대한 욕심을 드러낼 필요가 있다. 연초부터 "올해만큼은 팀에서 제일 열심히 일해서 좋은 성과를 받는 게 목표입니다."라고 말하고, 그만큼 열심히 일하는 것도 방법이다. 연말에 가서 성과를 말하기보다는 아예 처음부터 목표를 높게 잡고 한 해를 열심히 달리면 더 확실하게 높은 고과를 받을 확률이 높아진다. 물론 조직 문화에 따라 "내가 한 만큼 평가를 받고 싶다."고 말하는 것 자체가 과욕으로 비춰지는 경우도 있기 때문에 분위기를 파악하고 행동해야 한다.

특히 평가에 대해 말할 때는 그동안의 업무와 성과에 대해 말하며 "내년에 승진을 해야 하다 보니…"처럼 불가피하게 평가에 연연하게 될 수밖에 없음을 잘 설득하길 바란다. 다짜고짜 "제가 이렇게 열심히 일했는데 A를 못 받는 게 말이 됩니까!" 식으로 말했다간 욕심만 많고 이기적인 팀원으로 비춰질 수 있다.

사실 당장 승진을 앞두고 있는 것이 아니라면 평가에 너무 연연하는 모습을 보였을 때 얻는 경우보단 잃는 경우가 많다. 회사에서 오래가기 위해서는 평가보다 사람들 사이의 평판을 중요시해야 한다. 이직을 할 때도 본인의 업무 내용, 업무 결과는 체크해도 연말 평가(인사 고과)를 체크하는 경우는 거의 없다. 오히려 평판도 체크를 하다 보니 동료들의 인식이 더 중요하다. 물론 평가에 따라 임금이 많이 달라지는 회사라면 매우 예민하게 대비하는 직원들도 있겠지만, 돈 조금 챙기려다가 욕심만 많은 직원이라는 인식이 생기면 장기적으로 더 큰 손실일 수 있다. 연말 평가에 너무 억울해 하며 잘 받으려 애쓰기보단 커리어에 집중하며 멀리 바라보자. 직장 생활에는 연말 평가보다 중요한 것이 훨씬 많다는 사실을 잊지 말자.

승진의 키, 유능함보다
자기 관리에 달렸다

승진은 직장 생활 내에서 가장 큰 동기 부여 요소이자 가장 마음 상하는 사건이다. 동기들 중에 누구는 고속 승진을 하고, 누구는 계속 승진 누락을 한다는 말만큼 와닿는 일도 없다.

나는 4월부터 육아 휴직을 쓴 탓에 승진 심사에서 당연히 기회를 양보해야 하는 입장이었다. 알고는 있었지만 막상 승진 누락이 되고 나니 아주 약간은 아쉬운 마음이 들었다. 승진을 못 해서 아쉬운 게 아니라 '임신을 몇 달이라도 늦게 할 걸 그랬나, 승진하고 아이를 가질 걸 그랬나.' 싶은 생각이 들었다. 결과적으론 그 시기에 아이를 가져서 예쁜 우리 아이를 만날 수 있었고, 이직도 잘 했으니 해피엔딩이었지만 가능하면 시기를 고려해 임신을 계획하는 것이 조금 더 나아 보인다.

실제로 승진을 미리 고려하는 이들은 임신도 계획해서 승진 발표가 나자마자 임신, 출산을 한다. 내 지인 한 명은 빠른 년생에 대학도 휴학하지 않았으며 졸업과 동시에 취업을 했고, 승진도 바로바로 하고, 과장 승진이 발표 나는 시기에 출산 휴가를 들어갈 수 있게끔 계획해서 최연소 승진을 했다. 임신 기간에도 야근을 자처하며 열심히 근무하다 보니 바로 승진이 안 될 리 없었다. 그런 케이스가 부럽다는 마음이 든다면 본인도 그런 방식으로 도전하면 되지만, 굳이 그렇게 살고 싶진 않다는 생각이 든다면 내 길이 아니라고 여기면 될 것 같다.

그런데 '승진 빨리해서 뭐 해?'라고 생각했다가도, 동기들은 대부분 승진했는데 자신만 누락되면 점점 조급한 마음이 들면서 불안해지는 걸 숨기기 어려워진다. 어쩜 그렇게 조직 생활에 직급을 분류해 놔서 사람 마음을 흔드는 건지.

승진에서 가장 중요한 건 평가와 일맥상통하지만, 좀 더 간격이 길다는 부분이 차이점이다. 보통 3~5년 정도 한 직급을 거친 뒤 다음 직급으로 넘어간다. 해당 직급에서 일한 모든 업무가 승진 고려 대상이긴 하지만, 특히 승진 직전 해야말로 가장 열심히 달리며 잘 보여야 하는 때다. 그래서 일부러 승진 대상자가 되는 해에는 평가를 더 챙겨 주기 위해 해당 팀원에게 주요 업무를 맡기는 팀장, 리더도 있다.

승진에 영향을 미치는 요인은 회사마다 다른데, 보통 최근 3년간의 평가 점수, 승진 시험, 징계 사항, 평판도 등이 있다. 구체적인 방식을 설명하고자 한 회사의 사례를 들어 보겠다. 인사 팀에서 승진 대상자들을 수치화할 수 있는 점수를 엑셀로 정리해 높은 점수부터 정렬을 한다. 그 뒤 승진 대상자의 기본 점수 커트라인 이상인 리스트를 대상으로 평가를 하게 된다. 1차로 우리 부서 내 임원과 팀장들이 모여서 회의를 하며 부서 내 직급별 승진 대상자 중 우선순위를 정한다. 2차로 다른 부서 임원들끼리 모인 자리에서 승진 대상자 T/O 내 어떤 부서의 누구를 승진시켜 줄지를 결정하게 된다.

해당 승진 결정 회의에서 중요한 것은 결국 당신이 속한 조직의 임원이 당신에 대해 어떤 말을 해 주느냐이다. 그러니 미리미리 임원께 업무적으로, 개인적으로 어필을 해 두는 것이 좋다. 그게 어렵다면 적어도 팀장이 당신에 대해서 대신 잘 어필해 줄 수 있게끔 내 편으로 만들어 두어야 한다. 그러다 보니 힘 있는 팀장 밑에서 일하는 복 또한 굉장히 큰 영향을 미친다. 아무리 열심히 했어도 임원에게 잘 못하거나, 성과를 못 내는, 힘없는 팀장 밑에 있다면 승진이 잘 안 될 확률이 높다.

뿐만 아니라 유관 부서의 임원이 승진 결정 회의 때 당신에 대해서 "그 친구 일 열심히 하는 것 같던데?"라고 한마디 거들어 주면 쉽게 통과가 될 수도 있다. 반면 이해관계가 충돌해서 싸웠던 부서의 임원이 당신을 기억해 두었다가 "그 친구는 좀 융통성이 없고 앞뒤가 막혀 있잖아."라고 말하면 승진의 가능성이 줄어든다. 물론 웬만해서는 임원들끼리 상대 부서 사람의 욕을 쉽게 하지 않고, 회사마다 이런 공개 평가가 없는 곳도 있다. 기준은 다 다를 것이다. 다만 참고해서 평판 관리를 미리 해 두면 손해 볼 것은 없다.

직장 생활이 지루해질 때쯤이 직급별 3년 차라고 한다. 그래서 그 뒤에 승진이라는 제도를 만들어 두어서 더 열심히 하게끔 동기 부여를 시켜 주려는 전략인 것 같다. 실제로 승진을 하면 그만큼 더 중요한 업무를 맡게 되고, 권한과 책임이 늘어나고, 월급도 늘어난다. 회사 안에서 사원, 대리, 과장, 차장, 부장을 대하는 태도 역시 모두 다르다. 직급이 자신을 대변한다는 사실이 황당하지만, 로마에선 로마법을 따라야하는 법. 승진을 앞두고 있다면 미리미리 업무 성과를 잘 낼 수 있게 관리하고, 자신의 팀장과 임원을 제 편으로 잘 만들어 두기를 응원한다.

당신도 유튜버가 될 수 있다

최근 '직장인 2대 허언'이라는 우스갯소리가 큰 인기를 얻었는데, 바로 '퇴사할 거다.'와 '유튜브 할 거다.'이다. 유튜브는 일단 시작해 보면 하나라도 배우고 느끼며 얻어 갈 수 있는 게 많다. 나도 아직 갈 길이 멀지만, 영상을 전혀 몰랐던 직장인인 내가 유튜버로 성장하기까지의 이야기를 담으면 조금이나마 도움이 될 수 있을 것 같아 팁을 정리해 보았다.

1) 할 마음이 있다면? 일단 시작하자, 하면서 수정하자.

완벽하게 준비한 후 시작하려 하지 말고, 일단 채널부터 만들자. 채널명, 채널 아트(배경), 콘셉트는 언제든지 수정 및 삭제가 가능하다. 관심 있는 주제의 영상을 하나씩 올리며 어떤 콘텐츠를 올렸을 때 반응이 좋은지 테스트를 해 보자. 유튜브는 전문 방송인들도 뛰어들고 있는 만큼 앞으로도 더 커질 시장이다. 지체하지 말고 시작해야 한다. 나 같은 경우는 블로그의 연장선으로 아이 영상을 올리기 위해 유튜브를 시작했지만, 취업 강의 내용을 찍어서 올린 것이 훨씬 좋은 반응을 얻어 콘텐츠를 바꿨다.

2) 초반엔 하고 싶은 걸 다양하게 시도하자.

당신이 가진 흥밋거리 중 어떤 영상, 장르가 유튜브에서 대박이 날지는 아무도 모른다. 잘나가는 주제라는 이유로 무작정 뛰어들기보다는 본인이 꾸준히 올릴 수 있는 콘텐츠와 좋아하는 분야가 무엇인지 파악해야 한다. 결과물도 별로 없고 시장이 작아 보이는 주제였는데 예상과 달리 빠르게 성장하는 분야도 많다. 그러니 관심을 가진 주제의 영상이 기존에 없다는 이유로 안 될 거라고 생각할 것 없다. 그것은 성장 가능성을 가진 분야이기도 하다.

일단 초반 몇 달은 테스트를 한다고 생각하며 다양한 방식을 시도하자. 하나의 채널 안에 재생 목록을 나누어서 여러 주제를 다루어도 좋다. 큰 방송국 유튜브 채널에서도 여러 프로그램을 올리다가 하나의 프로가 성장하면 독립 채널을 만들기도 한다.

3) 채널명을 잘 지으면 콘셉트가 확고해진다.

처음에 채널명을 고민하느라 시작하지 못하는 이들도 있는데, 이는 언제든지 바꿀 수 있다. 예상과 달리 잘되는 콘텐츠가 생겨서 채널 방향이 완전히 바뀔 수도 있다. 다만 하나의 독보적인 채널명이 있으면 좋다. 예를 들어 유튜버 '가전주부'는 종편 TV 아나운서였는데, 가전제품을 좋아해 유튜브 채널명을 가전 쪽으로 지었다. 그 덕분에 신제품 가전 리뷰 협찬을 어마어마하게 받고 있다. 채널명이 한몫했다고 스스로도 인정했다.

당신도 평소 관심 갖던 '덕질' 분야를 유튜브에 반영할 수 있다. 정말 운이 좋으면 덕질과 직업이 일치한다는 '덕업일치'를 이루게 될 수도 있다.

4) 장비 병에 빠지지 말자.

부디 한국인의 고질병, '장비 병'에 빠지진 않기를 바란다. 유튜브를 한답시고 제대로 된 장비를 구비하려고 할 것 없다. 장비는 알수록 한도 끝도 없고, 대부분은 스마트폰으로 유튜브를 시청을 하기 때문에 촬영 장비에 너무 신경 쓰지 않아도 된다. 나중에 채널 수익이 생기면 그 돈으로 장비를 조금씩 구비하도록 하자. 장비보단 콘텐츠 자체가 훨씬 중요하다. 장비 탓을 하기보단 유튜브를 보며 편집 실력을 키우는 편이 훨씬 낫다.

유튜브를 하다 보면 오디오의 필요성을 느끼게 되는 순간이 있는데, 그때 가서 20만 원 내외의 마이크 하나만 구비해도 충분하다. 마이크도 비싼 걸 찾자면 끝이 없다. 그러니 목소리가 잘 전달되는 수준이면 충분하다. 참고로 나는 다른 유튜버의 추천 영상을 본 뒤 'Zoom H1n' 모델을 사용하고 있다.

5) 영상의 핵심은 기획력이다.

같은 주제의 비슷한 내용도 누가 만들었느냐에 따라 천차만별의 반응을 얻는다. 대상 타깃은 누구인지, 어떤 제목과 썸네일로 관심을 얻을 것인지, 인트로를 어떻게 할 것인지, 끝까지 시청하게 만드는 요소를 어떻게 녹여 넣을 것인지, 영상의 속도감이나 자막은 어느 수준으로 할 것인지 등 영상을 기획하는 것만 해도 많은 공부를 해야 한다.

짧은 영상만 보고 별거 아니라고 생각하는 이들도 많지만, 한 유명 유튜버의 경우 10분 이내의 영상을 만드는 데 촬영을 4시간 하고, 기획에 훨씬 더 많은 시간을 쏟고, 편집에 일주일을 쓴다. 초반 기획에 따라 촬영, 편집 등의 과정이 완전히 달라진다는 걸 명심하자.

6) 영상 결과물은 편집이 90%다.

기획 못지않게 중요한 게 편집 방향이다. 재미없는 내용도 센스 있는 편집 덕분에 살아나는 콘텐츠가 있다. 전문 방송 PD들도 유튜브에 뛰어들고 있으니 그들의 영상을 참고하자. 유튜브를 하겠다고 마음 먹었다면 평소 영상을 보며 어떤 방식으로 편집한 것인지 고민해 보는 게 도움이 된다. 특히 어떤 자막을 넣느냐에 따라 시청자의 반응이 완전 달라지다 보니, 자막 한 줄을 넣을 때도 고민이 들어간다. 자막 없이 영상만으로 승부할지, 자막과 편집으로 승부할지, 둘을 섞을지 본인이 가능한 수준에서 선택하면 된다.

편집을 할 줄 몰라도 겁먹지 말자. 편집 프로그램 사용 방법은 유튜브에 검색해 보면 자세히 올라와 있다. 나는 처음엔 기본 프로그램인 윈도우즈 무비메이커(Windows Moviemaker)로 시작했고, 현재는 유료 프로그램을 쓰고 있다. 휴대폰 어플로 편집하는 게 쉽다곤 하나 오래 폰을 보면 거북목이 될 수 있으니 컴퓨터 프로그램을 추천한다.

7) 유튜브는 많이 보고, 오래 보게 만드는 게 핵심이다.

유튜브는 '영상 조회 수 × 재생 시간'이 핵심이다. 그러니 이왕이면 많은 이들이 볼 만한 영상으로 만들고, 한 번 클릭하면 오래 시청할 수 있도록 매력적으로 만들어야 한다. 유튜브 영상을 보게 되는 출처를 따져 보면 유튜브 내의 키워드 검색, 홈 화면, 추천 동영상 등 유튜브 자체 알고리즘에 영향을 받는 부분이 있고, 그와 별개로 구독 피드, 다른 영상의 카드 및 링크, 외부 URL링크 등이 있다. 후자보다는 유튜브 자체 알고리즘으로 보게 되는 경우가 많으니 상위에 노출되기 위해 높은 영상 조회 수와 오래 볼 수 있도록 만드는 정성이 필요하다.

다만 긴 영상일수록 오래 볼 확률이 낮으니 무조건 길게 만들 것 없다. 영상의 길이 대비 몇 퍼센트나 끝까지 다 보았는지를 따져서 유튜브 AI가 평균 시청 지속 시간을 계산하는 방식이라고 한다. 더불어 영상이 길면 중간에도 광고가 들어가서 광고 단가가 올라가지만, 그만큼 오래 볼 만한 영상으로 만들어야 한다. 영상이 길면 아예 클릭을 하지 않는 이들도 많기 때문에 본인 채널에 가장 적합한 영상 길이를 테스트하며 찾아가야 한다.

8) 일단 시작하고 나면 자세한 분석이 제공된다.

유튜브는 생태계가 생긴 지 얼마 되지 않아 성공의 정답이 없다. 하지만 본인 채널을 운영하며 분석해서 방향을 잡아 갈 수는 있다. 유튜브 영상을 올리고 나면 '크리에이터 스튜디오'라는 화면에 접근 권한이 생기고, 해당 페이지에서 자세한 분석 기능이 제공되기 때문이다. 채널 내에서 어떤 영상을 많이 보는지, 어떤 경로로 시청했는지, 어느 시점에서 이탈하는지 등 자세한 분석 결과가 제공된다. 구독에 관한 정보도 제공되기 때문에 분석 툴과 친해진 후 결과를 보며 방향을 잡아가자.

9) 유튜브에서 성공한 채널은 셋 중 하나다. 재미, 매력, 유익함

이 세 가지 요소 중에 최소한 하나는 충족시키도록 노력해 보자. 재미있는 영상이 조회 수가 가장 잘 나오고, 쉽게 성장한다. 재미는 좀 떨어져도 예쁘거나 잘생겼거나 매력적이라면? 팬이 많아진다. 매력은 주관적인 부분이기도 한데, 편집만 잘해도 매력적인 채널로 거듭날 수 있다. 나는 아쉽게도 재미와 매력은 충족하지 못했지만 유익함을 핵심 요소로 추구하며 소소한 꿀팁을 전하고 있다. 최근 이처럼 진지한 유튜버도 많이 늘어나는 추세이다. 특히 취미 등 특정 주제에 대한 유익한 영상들이 많아지고 있으니, 재미도 매력도 자신이 없다면 본인만의 노하우를 올려 보는 것으로 시작해 보길 바란다.

10) 유튜브 수익은 구글 광고보다 협찬이 크다.

광고와 협찬은 엄연히 다른 말이다. 유튜브 광고란 유튜브(구글 코리아)에서 유튜버에게 보내 주는 수익을 말하고, 협찬이란 유튜브가 아닌 업체에서 돈을 받고 영상을 만드는 것을 말한다. 광고 수익을 높이는 데는 조회 수와 시청 길이가 핵심이다. 그래서 흔히들 '낚인다'고 표현하는 후킹성 썸네일로 조회 수를 높이고 자극적인 내용으로 오랫동안 시청하게 만든다.

대부분의 유튜버에게 큰 수익이 되는 것은 광고보단 협찬 수익이다. 여러 회사에서 "우리 제품 소개, 리뷰해 주는 영상을 만들어 주세요."라고 의뢰를 해 오면 돈을 받고 영상을 제작한 다음 자신의 채널에 업로드를 해 주는 방식이다. 광고의 경우 한 영상에 10만 조회 수를 냈다면 대략적으로 10만 원의 수익을 낸 셈이다. 반면 협찬은 유명 유튜버들의 경우 영상 한 편 협찬에 3천만 원 내외를 받기도 한다. 협찬을 받는다고 욕하는 댓글도 달리긴 하지만, 협찬 광고가 들어왔다는 것을 진심으로 축하해 주는 팬들도 있다. 그렇다고 협찬 영상의 비율을 너무 높이면 지나치게 상업적으로 보이기 때문에 적정선을 유지하는 것 또한 중요한 과제이다.

11) 유튜브로 직접 판매를 해서 수익을 내기도 한다.

광고 및 협찬 외에 직접 판매로 수익을 내는 채널들도 있다. 유튜버가 직접 물건을 판매하며 링크를 연결하거나, 홍보처의 판매 링크를 연결해 준 뒤 발생한 매출 중 일부를 수수료로 돌려받는 방식이다.

전자의 경우 본인이 만든 유료 강의, E-book 파일을 판매하기도 하고, 후자의 경우 유튜버가 올린 링크로 들어가서 화장품, 옷, IT 장비 등을 구매했다면 그 매출 중 일부가 해당 유튜버에게 돌아갔을 가능성이 있다. 이는 유튜버의 메인 수익은 아니지만 적극적으로 활용할 경우 큰 매출을 올릴 수도 있다. 온라인 커머스로 물건 판매를 하고 싶다면 유튜버가 되어 판매 홍보 채널로 활용할 수 있을 것이다.

Chapter 4

Relationship

직장에서 적을 만들지 않는 업글 인간의 기술

사회생활을
판가름 짓는 인간관계

말에 상처받은 너에게

"너 산낙지 못 먹어? 가난한 애들이 그런 거 잘 못 먹던데."
"너 요즘 남자친구랑 자주 안 만난다? 불안하다?"
"너처럼 꼭 애매하게 생긴 사람들이 남자 친구 있더라."
"오늘 옷 스타일이, 이야~ 땡기네."

말로 상대방을 이렇게까지 기분 나쁘게 할 수 있다는 걸
회사에 와서 처음 알게 됐다.
그들에게 똑같이 막말을 할 수 없다는 게 억울하다.
나보다 먼저 회사에 입사했다는 이유로
막말을 해도 되는 권한이 주어진 것도 아닌데.
왜 난 저들이 내뱉는 저급한 말을 다 받아 줘야 하는 걸까?

사람들의 말에 상처를 많이 받다 보니,
더 이상 말을 섞고 싶지도 않다.
말을 잃어 가고, 점점 무기력해진다.

친구들을 만나면 회사 사람들 욕이 절로 나온다.

누구든 이런 상황이면 그들을 욕하게 될 거라고,

내가 이상한 게 아니라고 증명을 받고 싶다.

이렇게나마 스트레스를 풀고 위로를 받는다.

난 절대 저 선배들처럼 되고 싶지 않은데

몇 년 후가 되면 선배들과 비슷해질까 봐 두렵다.

열심히 공부해서 힘들게 입사한 노력이

결국 저런 사람들과 같이 회사를 다니기 위한 거였나.

모든 것이 허무하게 느껴진다.

회사 사람들에게 영혼을 갉아 먹히는 기분이다.

안 맞는 옷을 입은 느낌.

내 발보다 작은 구두를 신고 국토대장정을 시작한 느낌.

과연 나는 여기서 얼마나 버틸 수 있을까.

미움은 자신을 다치게 해

아무렇지 않게 던진 그들의 말 때문에
마음에 스크래치가 생겨서 아파하고 괴로워하고 있구나.
마음의 상처를 치유하는 게 참 어려워.

사람 때문에 아픈 마음을 달래는 데는 사람이 최고더라.
말 때문에 상처받고, 말 덕분에 위로받는 게 삶이더라.
그러니 욕하고 훌훌 털어 내자.

다만 그들에게 너무 매몰되어 버리진 말자.
그건 시간과 에너지를 미워하는 데 낭비하는 거나 다름없어.
아까운 퇴근 후 시간을 싫어하는 사람에게 들여서야 되겠어?

네가 그들과 비슷해질 거라고 미리 걱정할 것도 없어.
그들은 몇십 년간 비슷하게 살아온 과거가 있기 때문에
현재의 모습이 나온 것뿐이야.

네가 잘못된 행동을 해서 그런 말을 듣는 게 아니야.
그들은 원래 무례하게 말하는 사람인 거야.

회사 몇 년 다닌다고 그들처럼 저급한 사람이 되진 않을 거야.
너는 너의 색을 가지고 네가 원하는 방향으로 나아가면 돼.
그러니 그들 때문에 너무 휘둘리지 말고
싫어하는 사람과도 업무적으로 잘 지낼 수 있게
대인 관계의 처세술을 익히고 마음 건강을 챙겨 두자.
할 수 있는 만큼, 하고 싶은 만큼만 하면 돼.

단, 회사 일은 혼자만 잘해서 끝낼 수 있는 게 거의 없어.
사람들과 어떻게 풀어 가느냐에 따라 결과가 달라지잖아.
더럽고 치사해도 일단은 사람들과 잘 어울리려 노력해 보자.
그들의 모든 걸 다 받아들일 필요는 없어.
내 필요 사항을 요구하고 협업할 수 있는 능력을 키워 두면 돼.
회사는 싫은 사람과도 필요한 관계를 유지하는
사회생활용 대인 관계를 연습하는 기회라고 생각하자.
조금만 더 힘내!

적을 만들지 않는
처세술

직장 생활은 학생 때 또래 친구들과 어울리던 '사교'와는 완전히 다른 차원인 '조직 문화'다. 사원부터 임원까지 다양한 연령대가 모여 있고, 권력이 존재하고, 업무를 함께해서 성과를 만들어야 하며, 누군가는 그에 대한 책임을 져야 한다. 리더들의 의사 결정에 의해 업무 및 인사 배치 등이 달라지기 때문에 사내 정치를 하는 이들도 흔히 볼 수 있다.

그러다 보니 사회생활을 처음 시작한 이들에게는 직장 생활이 답답하고, 어렵고, 괴롭다. 나 역시 사원 시절에 '나는 회사가 안 맞나 보다, 이런 대인 관계 속에서 버티기가 힘들다, 회사 사람들 때문에 자존감이 떨어지고 있다.'는 생각으로 가득 차 있었다. 그런데 회사는 이럴 수밖에 없는 조직이라는 것을 온전히 받아들이고 자존감을 키운 후에는 멘탈이 훨씬 건강해져서 버티는 힘이 생겼다.

대부분의 회사 업무는 협업이 필요하기에 '뛰어나지만 외톨이인 천재'보다는 '좀 부족해도 잘 어울릴 수 있는 사람'을 선호한다. 또 직장 생활에서 가장 중요한 인사이동과 평가, 업무 배정이 업무 역량으로 결정되는 게 아닌 '누구랑 친해서, 밀어줘서, 사이가 안 좋아서, 찍혀서' 결정되는 사례는 흔하게 접할 수 있다. 이러한 점들 때문에 많은 직장인들이 본인의 손해를 줄이기 위해, 협업을 잘 해내기 위해 본인을 우호적으로 생각하는 동료들을 만들고자 노력한다. 적나라하게는 '라인 만들기'라고 표현하기도 한다.

이왕 회사에 입사했으니, 스트레스를 덜 받기 위해 대인 관계를 공부하는 것이 필요하다. 상대방이 그렇게 행동한 이유는 당신을 공격하려던 게 아니라 상황과 권력 구조 때문에 자신을 보호하기 위함이었을 확률이 높다. 직원으로서 겪은 그들의 모습이 전부인 것 같겠지만, 사실은 그 사람을 이루는 모습 중 아주 일부일 뿐이다. 동일 인물이라 하더라도 아빠일 때, 남편일 때, 자식일 때, 동생일 때 하는 말투와 행동이 다 다를 것이다. 그러니 그 일부를 보고 너무 큰 미움을 갖기보다는 회사 내의 관계를 파악하고 접근하는 편이 나을 수도 있다. 물론 그 사람 자체의 문제가 커 보이긴 하겠지만 말이다.

TV 프로그램 〈세상에 이런 일이〉에 나와서 이슈가 된 사연 하나를 말씀드리고자 한다. 얼굴이 늘 검정색인 한 노숙자가 있었다. 지적 장애가 있는 그는 구두약을 바른 채로 10년을 지내고 있었다. 제작진들이 왜 얼굴에 구두약을 바르게 되었는지 확인해 보니, 오래전에 지나가던 사람이 그를 위협하며 구두약을 얼굴에 바르라고 협박했다고 이야기했다. 그래서 처음 구두약을 바르게 되었고, 남들이 그의 검은 얼굴을 보고 놀라 접근하지 않는 것을 보며 자신을 성공적으로 보호했다고 느낀 것이다. 그 후에도 그는 자신을 보호하기 위해 계속 얼굴과 손에 구두약을 발라 왔다. 피부에 염증이 생기고 울긋불긋 갈라져서 아픈데도 말이다.

노숙자가 스스로를 보호하기 위해 구두약을 선택한 것이 직장인들의 방어 기제와 크게 다르다고 할 수 있을까? 한때는 신입 사원으로 들어와 호의적이었던 이들도 이용당하고, 욕먹고, 괴롭힘을 당하고, 손해 보면서 점점 살아남는 방법을 자연스럽게 체득했으리라. 그렇게 방어적으로 바뀌어 갔으리라. 회사에서 괴롭힘을 덜 당하는 직원들의 모습을 조금씩 따라 했을 테고, 결국 집단으로 무례한 태도를 가진 꼰대들이 되어 가는 것 아닐까. 그것이 결국 자신의 마음을, 주위 사람들과의 관계를 갉아먹는다는 것도 모른 채로 구두약을 바르듯 그런 행동을 반복했으리라.

그러니 회사에서 만나는 사람들에게는 회사 밖에서 겪어 온 대인 관계를 기대하지 말자. 그들은 회사라는 전쟁터에서 살아남기 위해 고군분투 중이다. 어떻게든 가족을 먹여 살리고 본인의 생계를 유지하기 위해 월급을 받고자 버티고 있는, 타인을 배려할 여유가 없는 이들이다.

물론 회사 사람들 중에 좋은 사람들도 있다. 처음에 만났을 땐 꼰대 같고 다혈질로 보였지만 친해지면 달라지는 이들도, 어려울 때 도와주는 이들도 있다. 만약 회사에서 좋은 관계를 못 만났어도 너무 자책하지 말자. 좋은 동료를 만나는 건 전생 혹은 이번 생에 공덕을 많이 쌓아야 가능한 거라고, 내 능력 밖의 일이라고 생각하는 편이 마음이 편하다.

당신이 낙하산 입사가 아닌 이상, 권력을 가지고 있지 않은 만큼 더더욱 직장 동료들에게 잘 보여 두는 것이 좋다. 회사 사람들과의 좋은 관계를 위해 이미지를 관리하는 것, 같이 일하고 싶은 사람이 되도록 노력하는 것은 매우 중요하다. 다만 너무 만만해 보이면 피곤해진다. 사람은 만만해 보이는 이에게 점점 더 과한 요구를 하게 되어 있다. 그 요구가 지나치다 싶은 순간에는 단호하게 이번 일은 어렵다고 끊는 것이 중요하다. 사회 초년생에게는 어느 정도가 지나친 수준인지 가늠하기도 어려우리라. 그래서 앞서 이야기했듯 회사 내에 멘토를 만들어서 상세하게 상황별 조언을 구할 수 있도록 해 두는 것이 좋다.

직장 생활에서 가장 큰 영향을 미치는 사람은 같은 팀이나 조직의 구성원일 확률이 높은데, 그들 중에는 서로를 경쟁자로 인식하는 이들도 있다. 어차피 팀 내에서 몇 프로는 A를 받고, 몇 프로는 C를 받는 상대 평가 식의 구조이기 때문이다. 일부러 당신을 깎아내리는 말을 하는 이가 있다면 '상대 평가다 보니 본인이 더 좋은 점수를 받으려고 하는구나.' 하고 수준 낮은 사람으로 생각하자. 세상엔 상대를 깎아내리려는 행위 자체가 부끄러운 행동이라는 것을 아는 이들이 더 많다.

그러니 좋은 팀원이 되기 위해 노력하되 동료들에게 너무 좌지우지되며 흔들릴 필요는 없다. 맡은 일은 잘 해내지만, 그렇다고 타인의 성과를 빼앗아 가거나 이용하지는 않을 만한 사람이라는 인식을 주는 것이 안전한 선택이다. 남들보다 월등히 뛰어난 이로 보이는 순간 질투와 경계를 받게 될 수 있다. 사람의 본능 속에는 시기심이 있다는 걸 잊지 말자. 그런 것들을 감수하더라도 뛰어난 모습을 보여서 인정받고 성장하는 게 우선인지, 갈등 없이 직장 생활을 하는 게 우선인지 고민해 보자.

회사 대인 관계의 핵심 중 하나는 적을 만들지 않는 것이다. 그러기 위해서는 처세술, 대화 방법 등을 공부하고 훈련해야 한다. 대인 관계는 주는 만큼 받는 '기브 앤 테이크(Give and Take)'다. 상대에게서 무언가를 얻으려고만 하기보다는 내가 상대방에게 어떤 것을 내줄 수 있을지, 어떻게 상대방의 마음을 얻을 수 있을지 공부하자. 그러다 보면 점점 당신 편인 사람들이 많아지고 회사 내에서도 힘을 주는 이들이 많아 질 것이다.

직장 생활의 핵심,
회사어 터득법

많은 이들이 회사에서 가장 중요한 역량 중 하나로 커뮤니케이션 능력을 꼽는다. 한국말은 워낙 아 다르고 어 다르다 보니 동일한 업무를 맡아도 누가 하느냐에 따라 일이 틀어지기도 하고 잘 풀리기도 한다. 게다가 회사에서 쓰는 언어, 소위 '회사어'는 일상에서 쓰는 언어와 다르다. 목적성에 부합해야 하고, 이해하기 쉬워야 하고, 직원들과의 관계에 문제를 일으켜선 안 되며, 괜한 오해를 살 만한 표현을 제거해야 한다.

회사어 실력을 높이는 실천 방법으로는 '직장 생활 독후감'과 '녹음하기'를 추천한다. 먼저 '직장 생활 독후감'은 회사에서 겪은 일을 제3자의 관점에서 독후감처럼 써 보는 것이다. 마치 책이나 영화를 본 것처럼 말이다. 회사에서 본 상황과 다른 직원들의 대화를 혼자 보는 용도로 기록해 보자. 예를 들면 다음과 같다.

오늘 프로젝트 미팅이 있었는데, 그 자리에서 김 팀장은 회의를 잘 이끌어 나갔고 원하는 목적도 달성했다. 특히 꼼꼼하게 준비해 와서 힘 있게 주장하는 말투가 상당히 신뢰할 수 있는 느낌이었다. 반면 이 차장은 불만만 말하고 투덜거려서 신뢰를 잃는 것 같았다.

특히 그들의 말을 '그는 "……"라고 말했다.'처럼 대사 형식으로 기록해 두는 것도 도움이 된다. 실제로 회사에서 보고 들은 것을 기록으로 남기고 복기하는 것만큼 체화하는 데 효과적인 방법은 없다.

주위에 보고 배울 사람이 없다고, 이상한 사람만 많다고 말하는 분들도 있다. 그런 경우라면 최소한 이렇게 말하는 건 피하자고 생각한 것을 써 두자.

진 과장처럼 미팅 때 자기 팀 입장만 반복해서 말하니 다들 무시하는 분위기네. 짜증 섞인 말로 하니까 상대방은 더 무시하네. 나는 절대 저러지 말아야지.

머릿속으로는 다 아는 것도 직접 겪은 사례를 가지고 기록으로 남겨 두면 더 효과적이고 기억에 오래 남는다.

두 번째로 '녹음하기'다. 자신이 회사에서 어떤 식으로 말하고 있는지를 자각하기는 더욱 어렵다. 그래서 본인이 어떤 식으로 말하고 있는지 마음먹고 진단해 보는 것이 가장 좋다. 주위 팀원들에게 물어보는 방식도 있는데, 대부분의 사람은 충고를 들을 준비가 되어 있지 않다. 설령 마음의 준비가 되었다고 생각하고 조언을 구했다 하더라도, "그런 식으로 말하면 안 돼."라는 피드백을 들으면 웬만한 멘탈이 아니고서는 표정 관리를 하기가 쉽지 않다. 또한 상대방 역시 듣는 이의 마음이 상할까 봐 솔직하게 피드백을 주기도 어렵다.

그러니 중요한 미팅이나 보고를 할 때 휴대폰 녹음 기능을 이용해 녹음을 한 뒤 다시 들어 보자. 너무 과한 표현이나 이기적인 말투, 무시하는 말투, 잘못된 단어가 있지는 않았는지를 체크하며 듣는 것이다. 녹음 파일을 들으면서 자신의 말을 대사처럼 받아 적은 다음 다시 보면 더 효과적으로 파악할 수 있다. 직접 말할 때는 몰랐는데 녹음된 것을 들어 보면 '내가 왜 그랬을까.' 하는 점들이 보인다. 그것도 아주 많이. 나도 여전히 '내가 왜 그랬지?' 싶은 순간이 많다. 특히 중요한 보고 후에 회의록을 작성하고자 녹음했던 파일을 들어 보면 '와, 내가 이런 식으로 말했다니…' 하고 놀라게 된다. 이건 녹음해 보지 않고는 절대 알 수 없는 부분이다.

얼마 전 TV 프로그램에서 한 연예인과 남편이 일상적으로 대화하는 장면이 방영되었다. 그런데 그의 대화 방식을 두고 네티즌들 사이에서 논란이 일었고, 해당 연예인 역시 '방송을 보고 본인도 반성을 했다.'고 입장을 밝혔다. 물론 그 연예인이 도가 지나쳤지만, 이렇게 일상을 녹화해서 다시 보면 많은 가정들이 스스로 반성할 거리를 찾게 되지 않을까 싶다. 그저 당연하다고 생각한 것도 녹화해서 보면 몰랐던 측면이 보이기 때문이다. 실수를 반복하지 않게끔 오답 노트를 만들기 위해 자신의 말투를 녹음해 보기를 추천한다.

그리고 미팅 시에는 자신이 원하는 것을 이루기 위해 계속 목적을 밀어붙이기보다는, 상대방이 원하는 것도 들어 보고 본인의 목적을 부드럽게 전달하는 요령을 만들어야 한다. 역지사지의 입장, 적을 알고 나를 알면 백전백승이라는 말은 회사에서도 통한다. 대화를 잘 해 내려면 상대방의 입장에 공감하고 그들의 요구를 들어 주는 것이 우선이다. 모든 팀은 자신들의 KPI에 의해 움직이다 보니, 이해관계가 어긋나면 협조를 잘 해 주지 않으려는 경우가 많다.

최근에는 처세술, 말투와 관련된 책이 많다. 설득을 위한 책, 직장 생활 말투에 대한 책, 발표 잘하는 책 등 종류도 다양하다. 본인이 최우선으로 두는 커뮤니케이션의 영역이 무엇인지 정하고 해당 주제의 책과 글을 읽자. 다만 책을 읽는 것만으로는 온전히 내 것으로 체화하기가 쉽지 않으므로, 인상 깊은 내용을 블로그, 인스타그램 등에 기록으로 남기도록 하자. 누군가에게 가르쳐 준다고 생각하고 정리하면 더욱 좋다. 가르치는 학습 방법만큼 효과적인 교육은 없기 때문이다. 마치 영어를 배우는 것처럼 회사 언어도 별도로 훈련하고 체화하면 훨씬 빠르게 나의 것으로 만들 수 있다. 말 한마디로 천 냥 빚을 갚는다는 말이 있듯이, 회사용 언어 실력을 미리 키워 두면 일도 훨씬 순조롭게 풀릴 것이다.

살을 내주고 뼈를 취하는
협업 전술

학생 때 팀 프로젝트를 해 본 사람이라면 팀플이 얼마나 거지같은지도 체험해 봤으리라. 오죽하면 '프리라이더(과제 참여도가 낮으면서 동일한 성적을 받아 가는 사람을 비꼬는 말)'에 대한 우스운 상황들이 카톡 캡처로 돌아다니는 수준이다. 학생 때는 원치 않게 참여하는 멤버들이 있기 때문에 그런 일이 생기는 거라고 생각할 수 있는데, 신기하게도 월급을 받으며 다니는 직장인들 사이에서도 프로젝트 협업은 쉽지 않다. 특히 팀 간의 이해관계가 달라서 생기는 마찰이 많다. 그 원리를 이해하고 협업을 원활하게 이끌어 나가야 한다.

웬만한 한국 회사에서는 '혼자서, 하고 싶은 일을, 하고 싶은 방식으로만' 하려고 한다면 버티기가 어렵다. 물론 탁월한 성과를 내면 가능할 수도 있겠지만 조직 구조상 혼자서 성과를 내기 쉽지 않은 회사가 더 많다. 하나의 업무를 진행하는 것에도 유관 부서가 많다 보니, 협업을 매끄럽게 해서 일을 완료해 내는 역량이 중요하다. 직원의 능력을 말할 때는 두 가지 기준이 있다. 업무를 잘하는지를 보는 실력의 측면, 사람이 좋아서 대화가 잘 통하는지를 보는 협업 성향의 측면이다. 그런데 어떤 업무든 결국 사람들 간에 협업을 해야 하는 부분이 많다 보니 사람의 성향이 더 중요하다고 보는 이들이 많다.

협업은 외향적이어야 잘하는 거라고 오해하는 이들도 있다. 같이 술을 먹고 친분을 다져야 하는 부서도 있긴 하지만, 그런 종류의 협업은 점차 줄어드는 추세다. 협업의 핵심은 상대방 조직과 우리 조직의 이해관계를 잘 알고, 매끄럽게 대화를 이어 가며, 서로의 목표를 달성할 수 있게 힘을 합치는 데 있다.

즉, 협업은 외향성보다는 이해력과 경청, 조율 능력과 더 밀접한 관계가 있다. 할 말을 적절하게 하는지, 조율을 잘 해내는지는 외향성과 별개의 문제다. 외향적이라는 건 사람들과 함께 있을 때 에너지를 얻는 성향을 말하는 것이다. 아무리 외향적인 사람이라고 해도 자기 입장만 반복해서 말하거나, 주장이 너무 강하거나, 상대방 입장에 대한 이해력이 부족하다면 협업이 안 되는 대표적인 유형에 속한다.

협업을 잘하기 위해서는 일단 내주어야 한다는 걸 잊지 말자. 지는 게 이기는 거다. 살을 내주고 뼈를 취하는 육참골단(肉斬骨斷)과 같은 맥락이다. 일방적인 요청만 오가는 관계, 이기적인 관계는 유지되기 어렵다. 상대에게 협조를 바라는 게 있다면 내 쪽에서도 그가 원하는 바를 어느 정도 맞춰 주며 융통성 있게 진행해야 한다.

조직마다 서로의 목표가 다르고, 이해관계가 상충되며, 싫어하는 포인트도 전부 다르다. 그러다 보니 '나도 시켜서 하는 일이고 나 좋자고 요청한 일도 아닌데, 내가 왜 이런 취급을 당해야 하지?' 싶을 때가 생긴다. 특히 업무 얘기를 하면서 제 감정대로 소리를 지르고 막말을 하는 이들과 대화를 하고 나면 진이 다 빠진다. 그럴 때면 괜히 자존감을 깎아먹지 말자. 제3자의 관점에서 보자면 싸우고 있는 두 직원 모두 자기 입장에서 최선을 다하고 있을 뿐이다. 상대방의 관점에서 푸념을 들어 주고, 힘들겠다고 공감해 주고, 한 발짝 물러나서 업무가 진행될 수 있게 어르고 달래야 결국 일을 더 잘 마무리할 수 있음을 잊지 말자. 물론 아무리 조율하려 해도 불가한 협업의 경우 파트장, 팀장 등 당신보다 높은 직급의 이들에게 도움을 받을 수밖에 없다. 그걸 대신해 주라고 상사가 있는 거다. 그러니 혼자 해결하지 못했다고 너무 위축될 것 없다.

이런 이유로 협업을 잘하기 위해서는 회사 내에 지인들을 많이 만들어 두는 게 좋다. 다른 사람들이 어떤 생각을 하고 사는지, 그 부서의 스트레스는 무엇인지 알아 두면 공감대를 형성하기 쉽다. 업무로 마주친 사람과 가벼운 대화도 나눠 보고 그분들의 이야기를 들으며 유대감을 형성해 두는 것이 좋다. 더불어 당장 눈앞에 협업해야 하는 대상에게만 잘하는 것보다는 평소 회사 사람들과 두루 친한 사이를 유지해 두어야 하다. 그것이 결국 연결고리로 이어져서 협업에 유리해진다는 점을 잊지 말자. 어렵게만 느껴졌던 직원이 알고 보니 나와 친한 동료와 가까워서 일이 생각보다 쉽게 진행되는 경우들도 많다. 물론 친하다고 다 해결되는 건 아닐뿐더러 친분으로만 해결하는 경우가 반복되면 문제가 생길 수도 있으니 주의하자.

협업을 위해서는 술자리를 가져야 한다고 생각하는 경우도 많다.

실제로 아직까지 그런 문화를 가진 곳들이 꽤 있다. 다만 그런 회사를 다닌다고 해도 술을 잘 못 마신다거나, 저녁 시간이 없다는 이유로 사내 대인 관계를 전부 포기해 버릴 건 없다. 저녁 술자리 대신 점심 약속을 많이 잡을 수도 있다. 점심 식사를 하며 회사 돌아가는 이야기, 개인적인 이야기를 나누다 보면 서로 얻어 가는 정보도 있고 정서적 교감을 나누며 힘을 줄 수 있다.

협업이 중요하다곤 하지만 정작 주위를 둘러보면 협업을 잘하는 직원이라고 평가받는 이가 그리 많지는 않다. 협업은 그만큼 어려운 역량이고, 개인이 좀 부족하다고해서 두드러져 보이는 특징도 아니다. 그동안 협업을 잘 못해 왔어도 너무 자책하지 말자. 어제보다 조금 나은 오늘이 되는 것에 집중하자.

협업이 상대적으로 적은 부서도 있고, 갑의 위치여서 쉬운 부서도 있고, 팀장이나 파트장이 대신 나서서 조율을 해 주는 경우도 있다. 그러니 협업 때문에 너무 힘들거나 노력을 해도 스트레스가 지나치게 크다면 억지로 참지 말자. 협업 비중이 낮은 부서로 이동하거나, 팀 내 업무 중 협업 비중이 적은 업무를 자진하는 것도 방법이다. 노력해도 안 되는 부분에 대해서는 과감하게 인정하고 패널티를 받아들이되, 그 시간에 다른 장점을 키우는 편이 더 나을 수 있다.

'있어 보이는' 리더십의 기술

협업에서 영향을 가장 많이 미치는 부분이 리더십이다. 아직 사원, 대리일 뿐이어도 남의 일이라고 치부하지 말자. 작고 사소한 상황에서 리더십을 연습하고 시행착오를 겪어 둬야 언젠가 더 많은 사람들을 이끌어야 하는 실전이 찾아오더라도 더욱 리더십 있게 행동할 수 있다. 학생 때 겪은 또래들 사이에서의 리더십과 회사에서의 리더십은 다르고, 생각보다 그런 실전이 빨리 닥칠 것이다.

출근하는 것도 힘든데 무슨 리더십까지 신경 쓰냐는 생각이 들 수도 있다. 하지만 리더십은 그렇게 거창한 것이 아니다. 단 두 명이 있을 때여도 한 사람이 일을 잘 주도해 간다면 그게 리더십이다. 회사에서 리더십을 쌓으며 충족감을 더 많이 느끼는 경우도 있다. 직장생활은 사람들과의 관계에서 오는 스트레스가 가장 크다. 리더십을 키워 둔다면 그 스트레스 속에서 덜 힘들게 된다.

만약 동료와 후배들을 잘 통솔하며 힘을 북돋아 주고 일을 추진해 가는 리더십이 있는 선배를 만났다면 정말 좋은 본보기를 만난 것이다. 그런데 그런 경우가 흔치는 않다. 리더들도 먹고살기 바빠 자신의 일을 쳐내다 보니 저 위치까지 갔을 뿐이다. 많은 리더들은 말한다. "뭐, 굳이 빨리 팀장이 되고 싶었던 건 아니야.", "팀장이 되니까 예전보다 스트레스가 어마어마해.", "부문장이 돼서 방에 들어오니까 외롭더라고." 그들도 업무에 치이다가 리더의 자리에 오른 것이다. 그래서인지 "내가 책임질게! 나만 따라와!"를 외치는 든든한 리더가 드물다. 리더가 시키는 대로 한 건데 결국 혼나는 것은 나뿐이어서 억울했던 경험은 누구나 있으리라. 그들을 보고 '왜 저렇게 리더 자격이 없지?'라는 이야기하는 경우도 많다. 하지만 당신 역시 시간이 지나면 어느 샌가 저 자리에 올라갈 수 있다. 남의 흉만 보고 있다가는 그 사실을 놓칠지도 모른다.

대부분의 조직은 리더들이 시키는 대로 만들어오는 것은 잘하지만, 경청과 소통이 잘 되지 않아 어려움을 겪는다. 주위에 "우리 리더는 팀원들의 말을 정말 경청해 주시고 소통을 잘 하셔."라고 말하는 사례가 흔치 않다. 그만큼 업무를 진행할 때 동료들의 의견을 충분히 듣고 이해한 뒤에 업무에 반영하고, 공감하며, 소통하는 훈련을 미리 해 둔다면 인정받는 리더십을 갖출 수 있다. 작은 안건이라도 회의를 주도했다면 회의가 끝난 후 자신의 경청 점수는 어땠는지, 소통 점수는 어땠는지 스스로 점검해 보자. 후배에게 조언을 구하기엔 솔직한 피드백을 기대하기가 쉽지 않을 것이다. 그럴 땐 사람들에게 "혹시 다음 회의 때 어떤 점을 더 준비해 오면 회의가 더 잘 될 것 같나요?"라고 물어보는 것도 방법이다. 시간이 없는데 경청하고 소통할

틈이 어디 있냐고 생각할 수도 있다. 하지만 중요한 건 '시간'이 아니라 '방식'임을 잊지 말자. 평소 충분히 경청하고 소통해 온 사이라면 빠른 시간 안에도 교류가 가능하다.

더불어 만약 본인이 소수의 인원을 대표해 일을 하다가 실수를 저질러서 윗사람에게 혼나는 상황이 찾아와도 너무 속상해하지 말자. 좋게 생각하면 당신의 리더십을 돋보일 수 있는 기회다. 대부분의 사람은 상사에게 혼나는 상황에서 오히려 후배를 혼내거나 모른 척을 한다. 이렇게 되면 아래 직원들끼리도 그 사람 흉을 보기 시작한다. 이럴 땐 설령 자신의 탓이 아니라 하더라도 "다 제 불찰입니다, 제가 잘못 생각했습니다. 다시 해 오겠습니다."와 같은 자세를 취해 보자. 그러면 윗사람이 볼 때도 더욱 신뢰가 가고, 아랫사람들에게도 신임을 얻을 수 있다. 사실 자신만 능력 없는 사람으로 찍힐까 봐 두려워서 이런 말을 하기가 쉽지 않다. 나도 갑작스러운 일로 후배들과 함께 혼났던 경험이 있는데, 분위기에 압도되어 과감히 내 탓이라 말하지 못했다. 그 당시 죄책감을 느끼다가 그런 상황에서 어떻게 대처했어야 하는지를 깨달았다.

아직까지도 한국 회사는 책임감이 '있어 보이는' 사람을 좋아한다. 그리고 '있어 보이게' 행동하다 보면 실제로 '있는' 사람이 되는 경우가 많다. 그렇다고 진짜 "제가 책임지고 퇴사할게요."라고 말하는 것을 좋아하는 건 아니니 확대 해석하진 말자. 다만 "제 잘못입니다."가 너무 자주 반복되면 실제로 부족한 사람으로 보일 수 있고, 외국계 회사처럼 책임 소재를 명확히 가리는 문화라면 마이너스가 될 수도 있으니 회사 분위기와 상황에 맞춰서 사용하도록 하자.

또한 리더가 되면 많이 듣고 말은 줄이는 것이 좋다. 대신 본인이 아는 정보를 잘 공유해 주는 것이 중요하다. 위로 올라갈수록 더 중요한 정보를 접하는 경우가 많아지기 때문이다. 반면 후배에게 들은 이야기는 후배의 동의 없이 주위에 공유하지 않는 센스를 잊지 말자. 후배를 대하는 것은 리더십을 기르는 것이라고 생각하며 신경 써서 대하다 보면 조금씩 리더십을 갖추게 될 것이다. 주위에서 배울 만한 점이 있는 분들을 보며 미리미리 체화해 두자.

피할수록 이기는
또라이 대처법

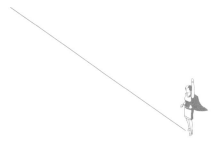

'또라이 총량 불변의 법칙'에 많은 이들이 공감한다. 어디를 가든 일정량의 '또라이'는 존재한다는 법칙이며, 만일 당신이 속한 조직에 또라이가 없다면 혹시 그게 자신은 아닌지 의심해 보라는 말이다.

우스갯소리로 나온 유행어지만 이는 모든 직장인들이 공감하는 진리에 가깝다. 또라이 중엔 불만 많은 투덜이도 있고, 뭐든 다 남의 탓으로 미루는 이, 남의 말을 듣지 않는 이, 무조건 안 된다고 하는 이, 비아냥거리는 조롱쟁이, 협업 불가 독고다이, 강제로 술 먹이는 술고래, 뒷담화쟁이, 빛나고 중요한 일은 다 내 거라고 하는 욕심쟁이, 혼자 잘난 척하는 케이스까지 다양한 유형이 있다. 읽으면서 떠오르는 인물들이 한 명쯤은 있었으리라.

이런 이들을 대할 때는 일반인과 다르게 생각해야 한다. 한 선배가 해 줬던 명언이 있다. "상사가 이상한 행동을 하거나 안 좋은 반응을 보이면 남자들은 '저 새끼 왜 저래? 이상한 인간이네.' 하고 마는데, 여자들은 '나한테 왜 저러지? 내가 뭘 잘못했나.'라고 생각해."

실제로 또라이를 마주한 많은 사람들, 특히 여성들이 문제의 원인을 자신에게서 찾으려고 하는 경향이 있다. 자신과의 관계, 자신과 상대방 사이의 행동 등을 살펴보면서 말이다. 그러다 보면 결국 본인을 더 힘들게 하고 만다. 누군가가 또라이 같고 이상하게 느껴진다면 자신의 탓을 하지 말고 '저 인간이 또라이네.' 하면서 상대방의 문제라는 마인드를 장착하자. 저 사람은 당신에게만 그러는 것이 아니라 늘, 누구에게나 그래 온 사람일 뿐이다. 당신이 잘못한 게 아니라, 몇십 년간 늘 그런 식으로 행동해 온 사람이 문제인 것이다.

추측컨대 아이를 낳고 키울 때 공감 능력이 중요하다 보니 여자들의 뇌 프로세스가 자신과 타인의 연결고리를 찾게끔 되어 있는 게 아닐까 싶다. 그래서 회사에서도 우선적으로 관계를 고려하게 된 것일지도 모른다. 하지만 사람들은 생각보다 다른 이에게 관심이 없다. 그가 한 말은 사람 대 사람으로 하는 말이 아니라 당신이 맡은 업무에게, 업무 기계에게 하는 말이라고 치부해 버리자. 그는 당신이 아니라 다른 직원이었어도 그렇게 행동할 사람이다.

남자들이 '저 새끼 왜 저래?' 하고 마는 것처럼 훌훌 털어내 버리자. 또라이는 당신이 직접 해결하거나 당신을 바꿔서 해결할 수 있는 문제가 아니다. 마치 상대방의 눈 모양이 내 마음에 안 든다는 이유로 돈을 줘 가며 그를 설득해 성형시킬 수 없는 것과 마찬가지다. 아무리 상대방이 피해를 주더라도 신체적 피해도 아니고 일자리를 위협하는 수준도 아닌 경우가 많다. 만약 신체적 피해, 퇴사 위협 수준이라면 그건 당연히 갑질로 신고해야 하고.

그렇기 때문에 상대방의 말과 행동을 바꿀 수 없고, 회사에서 마주칠 수밖에 없다면 자신의 인식을 바꾸는 편이 이득이다. 또라이를 바꾸려 하지도, 그들 때문에 자신의 행동 방식을 바꾸려 하지도 말자. 요령껏 피하고, 요령껏 맞춰 주며 위기를 넘기자. 당신의 직장 생활, 업무 방식, 소중한 시간을 상대방에게 뺏기기에는 너무 아깝다.

'이 사람 또라이네.' 싶어진다면 그의 얼굴 위에 '또라이'라는 포스트잇을 붙여 놨다고 상상하는 방법도 있다. 그 특징은 타고난 기질에 어릴 때부터 가정에서 자라 온 영향, 취업 후 만난 선배들의 영향들이 더해 탄생한 것이리라. 물건에 브랜드가 있듯, 그에게는 또라이라는 이름표가 달려 있는 것이다. 그냥 그러라고 내버려 두자. '또라이는 조심하고 피해야 할 대상이다.'라는 점을 명심하자. 이상하다 싶을수록 잘해 주고 존중하며 대하자. 단, 막 대해도 되는 사람이 아니라는 것을 각인시켜 주기 위해 필요할 땐 단호하게 아니라고 대답도 하고 바쁘다며 피하는 식으로 거리를 두자. 당신의 에너지를 뺏기지 않기 위해서는 미리 거리를 두며 딱 업무상 필요한 대화만 하는 것이 최선의 선택이다. 핵심은 그를 바꾸는 것이 아니라 당신의 에너지를 빼앗기지 않는 것에 있다.

상대방에게 에너지를 뺏기지 않게 자신의 인식 구조를 바꾸는 방법을 나눠 보자면 세 가지 정도가 있을 것이다. 그들을 이해하거나, 그들에게 안타깝다는 감정을 품거나, 나와는 상관없는 남남으로 치부하는 방법이다.

첫 번째로 이해하기를 시도하며 그 사람 입장에서 생각하다 보면

'본인도 위에서 얼마나 스트레스를 많이 받고 여유가 없으면 저렇게 아래에 화풀이나 하고 있을까.'라는 생각이 든다. 예를 들면 데드라인이 촉박한데 본인이 원하는 대로 사람들이 잘 따라 주지 않으니 불안할 테고, 본인의 자리 자체가 불안해졌다고 생각할 수 있을 것이다. 더불어 스스로에게 질문을 던지다 보면 "내가 저 사람 입장에서도 이상해 보일 수도 있겠구나."라는 생각을 하게 된다.

두 번째는 안타깝다는 감정을 품는 것이다. 그들도 결국 부모님, 가족, 선배, 동료 등의 영향을 받아 저런 말과 행동을 하게 된 거라고 생각하다 보면 연민의 감정이 생기기도 한다. '저 사람도 저런 캐릭터가 되고 싶었던 건 아닐 텐데, 적절한 커뮤니케이션 방법을 못 배웠나 보다. 배려의 기본조차 배우지 못하는 환경이었나 보다. 다들 저런 분위기에서 살다 보니 아무렇지 않게 후배들에게도 저렇게 구는 거구나. 사람들이 다 자길 욕하는 것도 모르고 저렇게 하다니…' 등의 생각을 하다 보면 안타깝다고 느껴진다. '만일 저 직급에서 내려가게 되면 사람들 시선도 신경 쓰이고 소득도 줄어들 테니 자리를 지키려고 저렇게 발버둥치고 있겠구나.' 하며 안쓰럽게 생각할 수 있다. 이런 방식으로 생각하다 보면 그들이 무례한 행동을 해도 같은 수준의 사람이 되지 않도록 노력하는 데 도움을 준다.

세 번째 방법인 남남으로 생각하기가 가장 흔하게 쓰이는 방법이다. 늘 되뇌자. '내가 저 꼰대를 혐오하고 불쾌해하는 감정 자체가 낭비다. 나의 소중한 에너지와 생각을 저 사람에게 할당하지 말자. 저 사람은 회사를 그만두면 더 이상 볼 사람이 아니다. 그냥 지나가는 아저씨, 아줌마일 뿐이다. 개가 짖나 보다.' 그리곤 굳이 계속 떠올리지 말자.

그리고 부디 직접 대화를 할 때 싫고 불편한 감정을 바로 드러내지 않게끔 노력하자. 본인의 감정에 솔직해지라는 수많은 책들이 말하는 바는 본인 스스로에게 감정을 속이지 말라는 거다. 대인 관계에서 융통성 없이 바로바로 불쾌함을 표현하면 본인에게 마이너스 되는 부분이 더 많다.

물론 도가 지나친 성희롱, 갑질의 경우 아주 단호하게 표현해야 반복을 막을 수 있다. 다만 그냥 불쾌한 수준의 멘트에 대해서는 '이 사람은 그렇게 생각하나 보다.', '아, 그럴 수도 있겠구나.'의 마음가짐을 가지자. 그리고 겉으로는 그냥 웃으며 넘어가고, 분위기를 해치지 않는 것을 목표로 하자.

출퇴근길 블로그로 줄이는 생활비

회사 생활과 병행하며 가볍게 부업으로 시작하기 좋은 것이 블로그다. 특별한 기술이 필요하지 않으며, 글을 잘 쓰지 않아도 되고, 누구나 쉽게 할 수 있다. 블로그는 옛날에나 하던 거 아니냐고, 하향세가 아니냐고 치부하는 이들이 많다. 하지만 대부분의 사람들이 여전히 무언가를 구매하고, 어딘가에 방문하기 전에 한 번쯤은 포털 검색으로 블로그 리뷰를 찾아본다. 블로그만큼 상세하고, 빠르게 확인 가능하며, 정보가 많은 채널도 없다.

블로그의 핵심은 매일매일 하루 한 개 이상 꾸준히 포스팅을 해야 한다는 데 있다. 하다못해 10분간 쓴 글이어도 괜찮다. 단순한 일기나 리뷰여도 괜찮으니 꾸준히 올려야 빠르게 성장할 수 있다는 점을 명심하자. 또한 글 내용과 관련된 키워드를 10개 정도 뽑아서 태그를 작성해 두어야 더 많은 방문자가 유입될 수 있으니, 태그를 작성하는 것도 잊지 말자. 그나마 다행인 건, 요즘에는 스마트폰 어플로 출퇴근길에도 쉽게 블로그를 할 수 있기 때문에 '매일 꾸준히 하는 것'에 대한 부담이 줄었다는 것이다.

1) 체험단

블로그를 시작한 지 세 달만 지나도 도전해 볼 만한, 가장 난이도가 낮고 흔한 방법이다. 흔히 알고 있는 음식점뿐만 아니라 뷰티, 펜션, 의류, 액세서리, 유료 어플, 여행 상품, 가전제품 등 다방면의 카테고리에서 블로그 체험단을 진행한다. 이러한 체험단을 활용하면 생활비를 많이 절감할 수 있다.

방문자가 높은 블로그는 체험단 제안이 쪽지나 댓글로 먼저 오지만, 초보 블로거라면 직접 체험단 사이트를 방문해서 신청을 해야 한다. 즐겨찾기에 저장하고 어플을 설치해 두자. 출퇴근길에 신청 버튼만 누르면 되고 초보 블로거여도 신청자 미달로 인해 당첨되는 경우도 있으니 안 될 거라고 체념하지 말자. 대표적인 블로그 체험단 사이트는 아래와 같다.

레뷰 (前 위블)	https://www.revu.net/
쉬즈블로그	https://blog.naver.com/blognara_
모두의 블로그	http://www.moduad.com/
리얼리뷰	https://blog.naver.com/real_review
서울오빠	http://www.seoulouba.co.kr/
디너의 여왕	http://dinnerqueen.net/
놀러와체험단	https://blog.naver.com/hotissue8253

2) 원고 업로드

블로그 일 방문자 수가 2~3천 명 이상이 되면 업체에서 보내 준 원고를 자신의 방식대로 작성하여 블로그에 올리고 돈을 받을 수 있다. 보통은 건당 평균 7만 원에서 15만 원 수준으로, 블로거의 규모에 따라 비용은 달라진다. 직접 체험하지 않고 글만 수정하면 되니 시간당 소득을 더 높일 수 있다. 이는 세금도 떼고 돈을 받는 합법적인 부업이며, 포털 검색 시 상단에 블로그가 노출되어 일종의 신문 같은 매체로 활용되는 것이다. 하지만 똑같은 글을 복사해서 붙여넣기만 해 둔 내용으로 가득 찬 블로그라면 신뢰도가 떨어져 보일 수 있다.

특정 분야의 전문 파워 블로거가 되어 이런 수익을 많이 창출하는 것도 방법이다. 육아 블로거라면 육아 용품, 전자제품 리뷰 블로거라면 전자제품 관련 원고가 들어올 것이다. 그러므로 처음부터 분야를 정해 두고 규모를 키워 가는 것도 전략이 될 수 있다.

3) 제품 판매

블로그에 마켓을 열어 공동 구매, 한정 판매 등으로 제품을 판매하며 돈을 버는 경우도 많다. 앞서 말한 체험단과 리뷰는 해 봤자 건당 수익이 몇 만 원 정도일 확률이 높은데, 이런 물건 판매는 몇 백 건의 주문이 들어오면 한 번에 큰 수익을 낼 수 있다.

블로그를 꾸준히 운영하며 팬층을 만든 뒤에 마켓을 운영한다. 직접 물건을 만들어 판매하는 경우도 있지만, 기존에 있는 제품을 중개만 하거나 본인의 기획안을 반영해 공장에서 제작하는 케이스가 더 많다. 다만 물류, 품질, A/S 등 신경 써야 하는 부분이 많아 쉽게 생각하고 뛰어들 수 있는 일은 아니다. 장사나 사업에 관심이 있는 사람들이 테스트로 진행하기에 좋은 수단이다.

온라인에서 물건 판매로 승부를 보려면 매력과 차별화가 독보적이거나 저렴하게 공급받아 가격 경쟁력을 내세울 수 있는 환경, 둘 중 하나는 확보해야 한다. 그러나 워낙 온라인 커머스 경쟁이 치열하다 보니 아무나 잘 해내기는 쉽지 않다. 단, 본인만의 블로그 색깔을 만든 후 매력과 차별화의 측면으로 옷, 장신구 등을 공동 구매 등을 진행해 성공하는 사례는 꽤 있으니 시도해 볼 만한 가치가 있다.

4) 키워드 광고 수입

블로그 글 밑에 붙는 키워드 광고 수익의 경우, 유튜브와 달리 매우 적은 수준이다. 금액 규모상 주된 수입이 되는 경우는 극히 드물다. 단, 키워드 광고는 광고주들이 입찰해서 가격을 정하는 방식이기 때문에 IT 제품 등 단가가 높은 분야는 꽤 쏠쏠하게 광고 수입을 얻는 이들도 있다. 다만 초반부터 광고 수입에 너무 신경을 쓰면 실망할 가능성이 높으니 힘을 빼고 시작하라고 말하고 싶다. 그저 '이런 수익도 낼 수 있다.' 정도로 생각하자.

Chapter 5

Ability

직장에서 인정받는 업글 인간의 기술

잠재력을 깨우는
치트키

정체된 것 같은 너에게

출구가 보이지 않는 어두운 터널 속에 있는 기분이다.
앞으로 나아가려 나름 애를 쓰고 있지만
내가 잘하고 있는 건지, 뭘 잘하는 건지도 모르겠고
성장은커녕 완전히 정체되어 조금씩 썩어 가는 것 같다.

멋진, 성공적인, 유능한 직장인이 되고 싶었는데
해도 해도 일을 잘한다는 느낌을 받긴 힘들고,
시간이 갈수록 일의 양만 많아지며
실수를 반복하는 나 자신이 싫어진다.

일 잘한다고 인정받는 다른 직원을 봐도
대체 왜 인정받는 건지, 정말 잘하는 건지도 모르겠고
저렇게까지 워커홀릭으로 살고 싶지는 않다.

이런 몸뚱이에, 이런 얼굴에, 딱히 먹고살 재주도 없는데
난 왜 일까지 못하는 걸까.
자신이 자꾸 초라해진다.

직장인이 적성에 안 맞는 건 확실하지만
나름대로 시간을 들이고 있으니
그래도 뭔가 좀 해 봤다고 말하고 싶은데…
전문성은커녕 뭘 해 온 건지도 모르겠다.

'일을 정말 잘하는 직원'이라는 소리까진 듣지 못하더라도,
'일 못하는 직원'이라는 소리만은 피하고 싶다.
중간만 하는 게 이렇게 힘든 일이라니.
그동안 열심히 살아 온 게
겨우 이런 삶을 위한 거였는지, 허무해진다.

우리 조금씩 나아가자

네가 정말 원해서 하고 있는 일이 아님에도 불구하고
이왕 하는 거 잘 해내고 싶어 하는 마음,
그 자체가 정말 대단해. 멋있어, 칭찬해 주고 싶어.

일을 욕 안 먹을 정도로 하는 것도, 남들처럼 중간만 가는 것도
정말 무지 힘든 일이더라.

마음처럼 되는 게 별로 없겠지만
지금 충분히 잘하고 있다는 거, 잊지 마.
겉으로 티 나는 것만이 중요한 게 아니야.
넌 지금 차곡차곡 내공을 쌓아 가고 있는 거고,
그 경험들이 너를 더 탄탄한 사람으로 만들어 줄 거야.

스스로를 믿어.
너는 지금, 내실을 다지고 있는 거라고.

실속 있게 속이 꽉 찬 사람이 되고 있는 거야.

내공이 탄탄해지면 겉도 좋아지는 건 금방이야.

지금 당장 너의 겉모습에 너무 신경 쓸 것 없어.

부족함을 느끼고 개선해 나가는 것 자체가 의미 있는 거야.

당장 체감하긴 어렵겠지만,

이렇게 조금씩 발버둥 치다 보면

3년 후의 너는 분명 달라져 있을 거야.

그러니 조금씩 나아가자.

너무 어려워할 것도, 서두를 필요도 없어.

이제껏 해 온 것보다 아주 조금만 더 노력하면 돼.

지금은 어두컴컴한 암흑 속이어도

결국 빠져나올 수 있게 될 테니까.

같이 손잡고 안내해 주는 가이드가 되어 줄게.

포기하지 말고, 긴 호흡으로, 차근차근 헤쳐 나가자.

전문성은
양날의 검이다

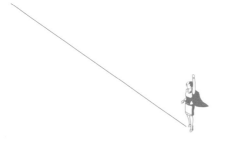

어쩌다 보니 여기로 취업하게 됐지만 미래를 위해 전문성을 갖추고 싶다는 막연한 생각을 갖는 이들이 많다. 어르신들도 기술 하나쯤은 배워야 한다고 말하고, 뭔가 밥벌이를 할 수 있는 재주 하나 정도 갖고 싶은 것이다. 나 역시 그런 생각으로 마케팅에서 전문성을 쌓아 보려 노력했다. 자격이 있어야만 할 수 있는 의사, 변호사, 약사 등의 일이라면 다르겠지만, 나 같은 직장인에게는 '이직을 할 때나 회사 내에서 인정받는 전문성'이란 해당 업무 경력이 몇 년 차인지, 어떤 업무들을 수행했는지를 대변하는 말이더라.

　회계, 재무, 광고, 조사, 분석 등 회사 내에서 어느 정도 전문성이 필요한 분야라면 동일 직무를 최소 3년 이상은 해야 "쟤, 그 일 좀 할 줄 알아." 소리를 듣게 된다. 1년 정도 해 봤자 "해 본 경험이 있다." 정도에 그친다. 업무의 전문성을 말하고 싶다면 일단 시간부터 쌓아 두자.

　그렇다고 한 팀에서 가만히 일만 한다고 되는 건 아니다. 직접 일했던 업무의 상세 내용이 전문성을 대변한다. 예술 분야가 아니더라도 자신이 했던 업무들을 리스트업 하고, 그 과정과 성과, 배운 점, 늘어난 역량 등을 정리해서 포트폴리오로 만들어 두자. 그 포트폴리오가 결국 본인의 전문성을 대변하는 기록이 된다.

전문성 강화를 위해 자격증을 딸까 고민하는 이도 많다. 업계에서 알아주는 자격증이라면 한 살이라도 어릴 때 따 두는 것이 좋다. 전문 자격증 수업을 들었을 때 강사가 '나이에 따라 합격률이 확확 달라진다.'고 말해 주었는데, 그 진리는 바뀌지 않는다. 다만 자격증 취득에 들어가는 돈과 시간을 고려한 후, 이게 현업에서 인정을 받는 자격증인지도 꼭 알아보길 바란다. 업계에서 인정해 주지도 않는 자격증을 따는 데 에너지를 낭비하지 말자. 대부분의 직무는 자격증보다 실무 경력이 훨씬 중요하다. 예를 들어 마케팅의 경우 어설픈 자격증보다는 실무 경력, 어떤 프로젝트를 해 봤는지를 중요시한다. 취업을 하기 힘드니 학생 때 마케팅 자격증이라도 따려고 한다면 차라리 그 시간에 작은 회사 인턴이나 공모전, 소규모 스타트업을 시작해 보는 경험이 취업에 더 도움이 될 수 있다.

전문성을 갖추겠다고 결심하기에 앞서 고민해 봐야 할 것이 있다. 회사 내에서 스페셜리스트(Specialist)가 되어 특정 직무의 전문성을 갖추고 싶은지, 제너럴리스트(Generalist)가 되어 회사 전반에 대한 숙련도를 높이고 싶은지를 고려하는 것이다. 회사 내의 커리어는 과장 이후부터 크게 바꾸기 어려워진다. 하던 직무 그대로 유사한 일이 주어질 확률이 높다. 회사 입장에선 일을 해 본 사람을 시키는 것이 안

전하니 당연한 선택이다. 특히 업무 숙련도를 쌓을 틈도 없이 계속 팀을 옮겨 다니다 보면 회사 내에서도 경쟁력을 갖추지 못하고, 이직을 하는 것도 쉽지 않게 될 수 있으니 주의하자.

또한 아무리 회사 내에서 전문성을 쌓고 싶어 해도 분야에 따라 전문 업체 출신이어야 인정해 주는 조직도 있다. 예를 들어 광고대행사, 조사 업체, 홍보대행사 등 전문 업체와 함께 일하는 직무의 경우다. 일반 회사(인하우스)에서 근무하는 것보다 전문 대행업체 출신이어야 전문성이 있다고 보는 리더들이 있다. 그런 경우 내부에서는 임원을 뽑지 않고 외부에서만 데려오다 보니 불만이 높아지곤 한다.

한편 전문 대행업체 출신보다는 리더들의 요구 사항을 잘 이해하여 실무단을 조율하는 역할이 더 중요하고, 이런 조율 능력이 회사에 필요한 전문성이라고 생각하는 리더들도 있다. 이렇게 보는 이들은 정말 전문적인 일은 돈을 주고 전문 회사에 대행을 주면 되는 것이라고 본다. 본인의 회사, 업계가 전자인지 후자인지를 확인하고, 전문성을 쌓으려면 어떤 커리어로 움직일지를 고민해 보자. 참고로 전문 업체의 직원들은 전문성은 있지만 갑을 관계 특성상 야근이 많다. 그래서 전문 업체에서는 몇 년간 경력만 만들고 나온다는 자세로 임하는 이들도 있다.

또 회사 내에 전문성을 갖춘 인재가 드문 회사들도 많다. 업무 전문성보다는 이 회사에 대한 이해도, 충성도를 중시하는 '사람 중심적인 회사'들이 그렇다. 조직 개편이 많은 회사의 경우 같은 조직에 오랜 시간 있지 않는 경우도 많다 보니, 휘몰아치는 개편 시즌일수록 커리어의 방향성을 잘 고민하고, 이를 어느 정도는 리더에게 어필할 필요도 있다.

이런 경우의 수를 고려하여 회사 안에서 전문가로 어디까지 성장할 수 있을지, 어떻게 대안을 준비해 갈지 본인의 커리어를 고민해 보자. 직장 생활에서 전문성을 갖추고 싶은가를 고민하고, 방향성에 맞춰 준비하자.

꼼꼼함을 키우는
기록의 습관

업무의 성공과 실패 여부는 디테일에 달렸다는 말을 많이 한다. 회사를 안 다녀 본 이들이 볼 땐 왜 일을 하며 실수를 많이 하는지 이해를 못하고, 실수한 직원이 조심성이 부족한 것 아니냐고 치부할 수 있다. 하지만 일을 직접 해 보면 알게 된다. 회사란 얼마나 체계가 없고, 업무 프로세스가 안 잡힌 곳인지를. 대기업이든 중소기업이든 모든 회사원들이 '우리 회사의 역할 분담과 체계는 엉망이다.'라는 주제로 배틀을 하면 끝이 없더라.

회사 일은 학생 때처럼 정해진 과목에 시험 범위만 공부해서 되는 게 아니다. 자신이 맡은 일과 관련된 부서도 명확히 정의되어 있지 않고, 어느 팀이 하는 일인지도 모호하고, 예상할 수 없는 문제점들도 속출한다. 실제 비즈니스 상황에선 아무리 꼼꼼히 준비해도 놓치는 점이 생긴다. 그러니 실수를 많이 했다고 너무 의기소침해지지 말자. 당신이 아닌 그 누구였어도 실수를 했을 것이다.

다만 부서마다 생기는 예상치 못한 상황의 빈도나 경중에는 차이가 많이 난다. 반복되는 업무가 중심인 경우 예상치 못하는 상황이 일어나는 경우는 적은 편이다. 반면 매뉴얼도 없고 새로 생긴 업무이거나 신생 팀인 경우는 새롭게 맞닥뜨리며 일을 해결해야 한다. 꼼꼼함이 더 많이 요구되는 조직이라면 더 신경 써서 단점을 개선하는 수밖에 없다.

꼼꼼함을 키우고 싶다면 일단 기록하는 습관을 추천한다. 단순히 할 일 기록 수준을 넘어서, 회의록에서 나온 모든 말들을 다 기록해 보자. '누가 어떤 일을 겪었을 때 화를 냈다, 누가 어떤 과자를 좋아한다.'는 것처럼 사소한 내용도 필기를 해 두면 나중에 쓰임새가 있다. 자신의 기억력을 과신하지 말자. 초반엔 기록하는 게 추가 업무로 느껴질지도 모르지만, 쓰다 보면 유용하게 활용된다. 명심하자. 한두 번 실수는 누구든 할 수 있지만, 실수를 반복하는 건 실력의 차이이다.

특히 상사가 갑자기 질문을 했을 때 이미 다 챙기고 있다는 대답을 하면 신뢰를 쌓을 수 있다. 대답을 바로 하진 못하더라도 "제가 기억력이 안 좋아서 필기를 해 뒀는데, 잠시 확인 후 말씀드리겠습니다."는 식으로 이야기하면 적어도 꼼꼼하게 기록하는 사람으로 인식되어서 이미지에 긍정적인 영향을 미칠 수 있다.

업무적인 기록으로는 꼭 확인해야 하는 리스트를 쓰고 유관 부서를 다 기록해 두면 놓치는 부분을 잡을 수 있게 된다. '작업 분할 구조도'라는 뜻의 WBS(Work Breakdown Structure)를 그려 보는 것이 도움이 될 것이다. 전문 업체를 쓰는 업무는 기간이 명확하다 보니 WBS를 활용하는 경우가 많다. 스스로를 전문 업체라고 생각하고 나

목표 일정	1월 첫째 주	1월 둘째 주	1월 셋째 주	1월 넷째 주	....
업무 리스트 / 일정	1/1~1/7	1/8~1/14	1/15~1/21	1/22~1/28	
유관 부서 사전 협의	O				
킥오프 미팅		O			
업무 계획 보고		O			
전산 개발 미팅		O	O		
구매부서와 협력업체 방문			O		
개발 점검 회의				O	
....					

만의 구체적인 WBS를 만드는 것도 방법이다. 업체마다 양식이 다른
데, 기본이 되는 양식은 위의 표와 같다. 하나의 업무를 세분화해서
일정을 구체화해 두는 툴이다.

새로운 업무를 맡았다면 기존 업무 담당자를 만나서 예전에 발생
했던 문제점들을 듣고 기록해 두자. 더불어 발생 가능성이 있는 문제
점들에 대해 'What if(~한다면 어떻게 될까)'의 관점을 가지고 시나리오
별 가설을 만들어 보는 것도 좋다. 이는 실제 상황 발생 시 대응에 도
움이 된다. 직접 겪어 보지 않고 예상하는 것은 쉽지 않지만, 세세하
게 챙기는 관점을 키우다 보면 어느 샌가 꼼꼼함이 몸에 배어 있을
것이다.

또한 리더가 관심을 가지는 분야가 무엇인지 파악하는 것도 중요
하다. 결국 일은 사람이 하는 것이고 사람에게 보고하는 것이다 보

니, 리더가 관심을 가지는 항목과 관점을 미리 확인해 두면 도움이 된다. 영업 관점에서 질문을 던지는 영업 출신 상사인지, 재무 관점에서 질문을 던지는 회계 출신 상사인지, 세부적으로 알기를 좋아하는지, 결론만 알길 원하는지. 모든 관점을 다 준비하기엔 시간이 부족할 테니 상사에 따라 꼼꼼하게 챙기는 부분을 다르게 해야 한다.

아무리 노력해 봐도 자꾸 실수를 반복하게 되고 꼼꼼한 역량을 키우기 어렵다면, 상대적으로 꼼꼼함을 덜 요구하는 부서로 옮기는 편이 나을 수 있다. 회사에서도 부서별로 요구되는 역량이 다른데, 굳이 꼼꼼하지 못한 단점이 부각되는 팀에 속해서 이미지에 마이너스를 줄 필요는 없다. 본인의 꼼꼼함 정도를 객관적으로 파악해 보고 할 수 있는 수준을 잘 파악하자. 타고난 꼼꼼함이 떨어지는데 그 부분을 보완하는 데만 집중해서 장점을 발휘하지 못하는 비효율적인 직장 생활을 만들지는 말자.

따라하기가 알려 주는
보고의 기술

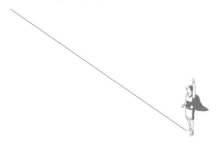

리더는 직원들이 일을 잘하고 있는지 확인해야 하고, 본인의 일도 윗선에 보고를 해야 한다. 대부분 조직의 경우 부서 간 경쟁 속에서 연말 성적표를 잘 받기 위해 애를 쓴다. 그러려면 중간 중간 업무 성과에 대해 어필해 두는 것이 필요하다. 이때 적절한 타이밍에 보고를 잘 하는 것은 필수적인 요소다. 사원, 대리 때는 주어진 일을 문제없이 빠르게 처리하는 게 더 중요하겠지만, 직급이 올라갈수록 우리 팀에서 어떤 일을 어떻게 하고 있는지를 리더에게 어필하는 게 중요해진다. 그래야 팀의 평가가 좋아지고 본인의 성과급도 달라진다.

그러다 보니 보고를 잘하는 것은 큰 능력으로 인정받는다. 해당 팀을 평가할 임원도 본인의 성과를 윗선에 어필하려면 적절한 보고가 필요하고, 일일이 신경 쓰지 않아도 잘 정리해 보고서를 만들어 오는 팀장, 팀원이 편할 수밖에 없다. 그들에겐 설령 해당 직원의 실무 능력이 떨어지더라도 다른 직원들이 어떻게든 해결해 나가면 되는 것뿐이다. 보고서 작성 역량이 막강한 무기임을 인정하고 본인 역시 역량을 키우려 노력해 보자.

보고서를 잘 쓰는 방법은 인터넷과 책에서 흔하게 접할 수 있다. 문제는 우리 회사, 우리 팀에서 써야 하는 보고서와 맥락이 다르다는 것이다. 책에 나온 대로 따라서 써 봤다가 "우리 회사에서 누가 보고서를 이런 식으로 써?"라며 혼나는 케이스도 있다. 심지어 같은 회사 안에서도 리더의 성향에 따라 보고서 스타일이 천차만별로 달라지기 때문에 어떤 방식이 좋다고 말하기도 어렵다.

여러 사람들이 말하는 보고서의 기본을 정리하자면 아래와 같다.

1) '누가, 언제, 어디서, 무엇을, 어떻게, 왜'의 육하원칙을 통해 핵심을 명료하게 요약한다.
2) 예산, 기간과 기대 효과를 포함한다.
3) 보고받는 이가 이해하기 쉬운 흐름으로 구성한다.
4) 빼도 되는 표현은 없앤다.
5) 적절한 시각화로 보기 좋게 표현해야 한다.

말이 쉽지, 직접 해 보면 나 역시 여전히 어렵다.

일반적으로 보고서에 많이 쓰는 양식은 컨설팅 회사 '맥킨지 앤드 컴퍼니(McKinsey & Company)'에서 쓰는 스타일이다. 파워포인트 화면에서 위쪽에 헤드 메시지 두 줄을 큼직하게 쓰고 그 아래 공간은 왼쪽, 오른쪽을 나누어 도표, 그래프 등의 시각화와 함께 주요 내용을 간단하게 기재하는 양식이다. 도식화를 많이 해서 읽기 편하게 만들어 두고, 서술형보다는 주요 단어를 표기한다. 다만 이 양식은 모든 안건에 대해 통일해서 작업하다 보면 공간이 부족하거나 자세한 설명을 담아내기 어려운 경우도 있다.

이런 점을 감안하면 보고서를 잘 쓰는 가장 좋은 방법은 자신이 속한 부서에서 '잘 쓴 보고서'라 불리는 보고서를 몇 개 받아서 해당 보고서의 양식과 구성, 말투를 따라 하는 것이다. 마치 책을 쓰고 싶을 때 베스트셀러 책을 그대로 한 글자 한 글자 따라서 쓰는 필사 작업을 먼저 하는 것처럼, 시험을 잘 보기 위해 기출 시험 문제를 풀어 보는 것이라고 생각하자.

보고서 공유가 잘 되지 않는 문화여서 잘 쓴 보고서를 구하기 어렵다면 팀장님께 "제가 보고서 작성을 아직 잘 못하다 보니 잘 쓰시는 분의 보고서를 보고 배우고 싶은데, 혹시 공유를 받을 수 있을까요?"라고 조심스레 여쭤보자. 샘플을 보고 연습하고 싶다는데 하나도 안 주는 경우는 드물다. 운 나쁘게도 나는 그 드문 경우에 해당했는데, 신입 때 보고서를 잘 쓴다는 과장님께 조언을 구하며 보고서 좀 보고 싶다고 말씀드리니 "일단 네가 직접 써 봐."라며 전혀 힌트를 주지 않으셨다. 그 뒤로도 당연히 후배에게 알려 주는 팁은 없었다. 그분은 보고서를 잘 쓰는 것으로 유명했지만 후배 양성에는 관심이 없으셨던 것 같다. 그런 경우라면 다 같이 모인 자리에서 공유하는 보고서라도 보면서 감을 익혀 보자.

팀마다 양식이 다른 경우가 많기 때문에 우선 우리 팀에서 활용할 수 있는 포맷을 찾아서 해당 형식으로 연습해 보는 것도 좋다. 나는 이직한 회사에서 서술형 보고서를 처음 보고 큰 충격을 받았다. 그래서 보고서의 숫자 결과까지 모두 문장 속에 풀어서 썼다가 크게 혼난 적이 있다. 글자로만 된 보고서들을 보고 표를 넣으면 안 된다고 지레짐작했기 때문이다. 어떤 식으로 써야 될지 고민될 때는 우선 샘플 모양을 만들어 본 뒤에 선배에게 A 방식, B 방식 중 어느 것이 나을지 여쭤보는 것을 추천한다.

또 보고서는 리더의 성향에 따라 선호하는 방식이 다르기에 A 임원이 리더일 때는 '김 팀장이 보고서를 잘 쓴다.'는 소리를 듣다가, B 임원이 리더로 바뀌면 '김 팀장 보고서는 못 봐주겠다.'는 소리를 듣기도 한다. 결국 보고서도 윗선의 코드를 잘 맞춰 주는 게 가장 중요하다.

더불어 보고 자리에서 말을 잘하는 것도 중요하다. 중요한 보고라면 준비를 더욱 철저하게 해야 한다. 내용은 좋은데 유치원 선생님처럼 보고하는 사람, 로봇처럼 말하는 사람, 지나치게 강한 어조로 말하는 사람 등 말하는 방식이 문제되는 경우도 많다. 따라서 보고서 외 별개의 스크립트를 만들어서 단어 하나 문장 하나를 타이핑하고, 미리 읽어서 예상 시간을 파악하자. 스크립트를 읽는 목소리를 녹음해서 어떻게 들리는지 들어 보는 것도 큰 도움이 된다.

매우 중요한 보고라면 아예 미리 리허설을 하고 녹화를 해서 보는 것도 좋다. 보고 한 번 잘못해서 찍히는 경우도, 보고 한 번 잘해서 인정받는 경우도 흔하게 볼 수 있다. 무슨 부귀영화를 누리겠다고 그 정도로 하냐고 생각하진 말자. 그런 연습은 이번뿐만 아니라 보고 역량을 전반적으로 향상시키는 데 도움이 된다. 멍석을 깔아 줬을 때 빛을 받을 수 있도록 자신의 경쟁력을 더욱 탄탄하게 하는 작업이라고 생각하자. 사용하는 말투, 단어와 보고의 흐름이 이상하지는 않은지 등을 잘 체크하고 훈련해 보자.

동일한 내용도 누가 말하느냐에 따라 신뢰, 이해도가 확 달라진다. 강사에 따라 수업 이해도가 달라졌던 경험을 떠올려 보자. 그러니 노력해서 신뢰가 가는 말투로 바꿔 두면 좋다. 그동안 고생한 것이 보고 중의 말실수로 물거품이 되지 않게 주의하자. 말 잘하는 방법은 아래의 QR 코드를 통해 영상을 참고하며 훈련해 보자.

또한 보고에 들어가기 전에는 해당 보고 내용에 대해서 최대한 자세히 잘 숙지하고 있어야 한다. 더불어 보고 드릴 리더에 대한 거부감을 줄이는 것도 매우 큰 영향을 미친다. 분명 잘 아는 내용인데, 상사가 물어보면 말문이 막혀 버리는 직원들을 쉽게 볼 수 있다. 상사에 대한 공포심이 있는 경우 이를 극복하기는 쉽지 않다.

그럴 때면 '이 상사는 나보다 나이 몇 살 더 많은 아저씨, 아줌마일 뿐이야. 그만두면 안 볼 사이야. 동네 주민이나 마찬가지야.'라는 자기 암시가 필요하다. '이번에 잘 보여야 하는데, 보고 잘못했다가 큰 일 날 수도 있는데…'라는 식으로 큰 압박감을 만들다 보면 실수를 할 확률이 더 높아진다. 스스로의 부담감을 덜어 내고 최상의 컨디션을 이끌어 내는 것도 요령이라는 점을 잊지 말기를 바란다. '나는 내 직급 수준에서 최선을 다하고 있어, 이정도면 월급 값은 하고 있지.' 라는 생각을 자꾸 하고, 최대한 보고를 잘할 수 있게끔 준비해 보자.

마지막으로 공포심 극복을 위해 상사를 미리 내 편으로 만드는 것 또한 방법이다. 업무 얘기와 상관없는 이야기라도 자주 대화를 나눠 본 상대에게 보고를 하는 것과, 전혀 친분이 없는 이에게 보고를 하는 것은 아주 다른 느낌이다. '피곤하게 뭘 상사랑 업무 외의 얘기까지 해 줘야 해?'라고 생각할 수 있지만 팔은 안으로 굽는 법이고, 이야기를 나누다 보면 업무에 도움이 되는 팁이나 회사 내의 정보를 공유 받기도 한다. 그런 10분짜리 일상적인 대화가 10시간 동안 보고를 준비하는 것보다 더 큰 도움이 될 수 있다. 피곤하겠지만 적정선에서 대인 관계를 신경 쓰면 좀 더 수월하게 보고를 하고 업무를 진행할 수 있다는 점은 잊지 말자.

성과를 높이는
설득의 역량

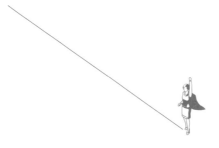

영업처럼 개인별 실적이 명확하게 나오는 직무가 아닌 이상, 실적에는 여러 외적 요소가 작용한다. 이 때문에 성과를 높이기란 쉽지 않다. 하지만 방법을 연구하다 보면 성과를 개선할 수 있는 실마리를 발견할 수 있지 않을까.

일단 업무 오류를 줄이는 것에만 집중하는 이들이 있다. 하지만 불량률 등의 지표를 관리하는 부서가 아닌 이상 오류를 적게 낸다고 해서 성과를 높게 평가받지는 않는다. 결국 팀장도 임원도 윗선에 성과 보고를 해야 하고, 보고해서 칭찬받을 만한 업무에 목말라 있다는 사실을 잊지 말자. 자신이 맡은 업무를 어떻게 바꿔야 더 좋은 성과로 보일 수 있을지, 자신만의 포트폴리오를 만든다고 생각하고 관리해 보자.

우선 자신이 속한 조직의 KPI를 명확하게 인지해야 한다. 우리 팀 뿐만 아니라 부문, 담당, 그룹 등 포괄적인 조직의 KPI를 보면서 '올 한해는 어떤 목표로 어떤 이슈를 가지고 운영되겠구나.'라는 감을 잡아야 한다. KPI 목표 항목을 살펴보며 그중 현실적으로 자신이 조금이나마 기여할 수 있을 법한 항목을 찾아보자. 물론 직원 한 명이 매출, 영업 이익 등의 KPI에 변화를 주기란 매우 힘들다. 다만 적어도 자신의 업무와 연관성이 조금이라도 높은 항목을 찾아서 그것을 목표로 계속 고민한다면 조금이나마 목표 달성에 가까워질 수 있다.

그런 뒤에는 KPI 항목별로 가장 잘 기여한다고 평가받는 주위 직원들을 찾아보자. 예를 들면 정성 평가에서 '혁신 업무'가 있었다면 그 KPI 보고서에 쓰인 사례를 만든 직원은 누구인지, 그 직원은 어쩌다가 그 업무를 맡았고 어떻게 성공적으로 해낼 수 있었는지 확인해 보는 것이다. 윗사람이 해당 직원을 예뻐해서 배정해 준 업무가 아니라 직원이 직접 발의해서 해낸 과제라면 더욱 면밀하게 확인하여 벤치마킹을 해 볼 가치가 있다.

또 팀 내에 좋은 평가를 받는 핵심 인재들은 어떤 업무를 맡고 있는지 살펴보자. 그들이 업무에 어떤 변화를 줬는지, 혹은 반복 업무지만 디테일하게 잘 해내고 있는지, 문제가 발생했을 때 어떻게 해결했는지 알아보면 된다.

이런 과정을 거치다 보면 우리 조직에서 중요한 일이 무엇인지, 그 일을 누가 하는지 파악할 수 있다. 자신의 업무가 너무 보잘것없어 보여도 기죽지 말자. 티 나는 업무만 한다고 조직이 굴러갈 수 없고, 티 나는 업무가 전부는 아니며, 자신의 업무도 티 나게 바꿀 수 있다. 게다가 사원이나 대리 직급은 일반적으로 지원하는 일을 중심으로 하며 내공을 쌓는 기간이다. 선배들의 사례를 보며 자신이 맡은 업무를 어떤 식으로 변화시켜야 더 좋은 성과를 낼 수 있을지, 조직의 KPI에 기여할 수 있을지 고민해 보자.

특히 팀의 대표 성과로 소개된 업무는 누가 맡은 것이었고 어떤 업무였는지, 또 칭찬을 받은 포인트는 무엇이었는지를 분석해 보자. 회사에서 개인이 일으킬 수 있는 변화는 별로 없다고 치부해 버리지 말자. 같은 업무도 누가 하느냐에 따라 방향이 많이 달라진다. 너무 큰 카테고리의 KPI들만 있다 보니 자신이 기여할 수 있는 것은 없다고 생각하기 쉬운데, 당신은 당신의 역할을 해내고 있는 것이다. 이왕이면 성과를 좀 더 높일 수 있는 요령과 관점 전환이 필요한 것뿐이다.

예를 들어 내가 상품 기획 업무를 맡았을 때는 상품의 가격을 결정하는 데 많은 유관 부서가 연결되어 있었다. 당시 팀장님은 "무조건 저번 상품과 동일한 가격에 해야 해."라는 가이드를 주셨다. 영업 부서에서 늘 동일한 가격대를 요구해 왔기 때문이다. 그런데 상품을 출시하기 위해 예산 관리, 구매, 개발 등 여러 부서들을 만나 본 결과 해당 가격에는 출시가 어려운 상황이었다.

나는 이전 제품보다 이번 제품의 콘셉트와 품질이 더 좋기 때문에 가격을 올려도 그만큼의 매출이 나올 거라는 생각이었다. 팀장님은 의견을 잘 바꾸지 않는 스타일이었기에 절대 안 된다는 완강한 입장을 취했다. 이에 그동안 친하게 지내며 파악한 팀장님 성향에 맞춰 설득을 시작했다. 다행히 팀장님께서 신경 쓰고 있는 부분을 설득함으로써 가격 변경 허락을 받아 낼 수 있었다. 당시 팀원이 그 소식을 듣고 어떻게 팀장님을 설득했냐며 신기해할 정도였다. 결과적으로 해당 제품은 목표 대비 판매량과 매출이 높아 당해 매출에 큰 기여를 했다. 이처럼 평소 의사 결정권자, 협업하는 이들의 성향을 면밀하게 파악해 두면 훨씬 더 원활하게 업무를 진행할 수 있다.

일을 잘하기 위해서는 신경 써야 할 요소가 많지만, 의사 결정자들을 자신이 원하는 방향으로 설득하는 것은 정말 크고 중요한 부분을 차지하는 역량이다. 성과를 높이고 싶다면 성과를 좌우하는 이들을 자신의 편으로 만들어야 한다. 특히 영업처럼 거래처에 따라 성과가 달라지는 경우, 평소 리더에게 잘 보인 직원에게 리더가 직접 우량 거래처를 연결해 주기도 한다. 회사에서의 성과는 결코 혼자 내는 것이 아니다.

실용적인 창의력을
키우는 환경

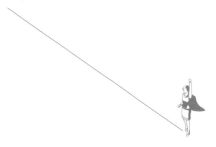

많은 회사들이 창의력을 중시한다고 말하지만, 사실 회사 내부에서 요구하는 창의력은 '직접적으로 업무에 반영될 수 있고 성과에 연결되는 아이디어'다. 이게 정말 창의력이 맞나 싶은 수준으로, 창의력이라기보다는 "이러이러한 주제로 당장 실행 가능한 아이디어를 내놔." 정도다. 그렇기 때문에 설령 당신이 어릴 때부터 창의적이라는 칭찬을 한 번도 들어 본 적이 없었다 하더라도, 회사에 대한 이해를 가지고 조금만 관점을 바꾸면 그들이 원하는 창의적인 인재가 될 수 있다. 창의적인 외부 사람이 제안하는 생뚱맞은 안건보다 회사에 대해서 잘 아는 당신의 안건이 더 창의적인 사례가 될 수 있다.

그런데 정작 회사원으로서 업무 내 창의력을 발휘하는 사례는 흔치 않다. 안 되는 건 한없이 많으면서 그 제한을 지키며 창의적으로 해 보라니, 당연히 어렵기 마련이다. 일단 창의적인 업무 지시를 받았다면 '안 되는 것 리스트'를 써 보며 그중에 가능하도록 바꿀 수 있는 것을 찾는 것도 방법이다. 그리고 윗선을 설득하기 위해서는 다른 업계의 비슷한 사례를 어떻게든 찾아보는 편이 좋다. 창의적인 건 원하지만 결과가 보장되지 않은 제안을 쉽게 허락해 주는 리더는 드물다. 그러니 다른 곳에서 비슷한 걸 했다고 말하면 승인될 확률이 더 높다.

만약 윗사람이 가볍게 아이디어를 던지며 '다른 것도 좋으니 구체화해 보라.'고 할 때는 핵심을 바꾸기보다 그분의 의도를 살리는 구체화로 가닥을 잡자. 그래야 승인이 더 잘 되는 경우가 많다. 자신의 생각에 그다지 안 좋은 아이디어여도 윗분과 의견 다툼을 벌일 필요는 없다. 어차피 상사가 결정하고 책임지는 부분이다. 씁쓸한 말이지만 회사는 자아실현을 하는 곳이 아니다. 창의적인 걸 요구했더라도 결정은 리더의 몫이다. 자신이 생각하는 옳은 것을 주장하기보단 윗분이 맞다고 생각하는 것을 액션으로 잘 옮기는 것이 직원의 역할임을 잊지 말자.

새로운 아이디어를 쉽게 내는 매뉴얼은 없지만, 적어도 아이디어가 잘 나오는 환경을 조성해두는 건 도움이 된다. 필요할 때 꼭 실천해 보자. 일단 창의력에 도움이 되는 책상을 만들고 싶다면 굳이 지나치게 깔끔한 상태를 유지할 필요는 없다. 미네소타 대학교의 캐슬린(Kathleen D. Vohs) 교수에 따르면 정리 정돈이 잘 된 사무 환경은 사회적 전통, 규정 준수, 보수적인 관리가 중요시되는 업무 수행에 도움이 되고, 어지럽고 지저분한 사무 환경은 참신한 아이디어와 비전통적인 방식을 추구하는 업무에 적절하다고 한다. 물론 원래 깔끔하던 사람이 굳이 지저분하게 어질러 놓고 불편함을 느낄 필요는 없겠지만, 원래 정리 정돈에 크게 관심이 없던 사람이라면 그냥 자유롭게 자신을 풀어 주는 게 도움이 될 수 있다. 또한 천장이 높은 사무 환경이 창의력 증진에 도움이 된다. 창의력이 필요한 때엔 장소를 옮겨 보자. 아이디어 좀 내 보라는 지시를 받았다면 사무실을 벗어나 층고가 높은 공간이나 야외에서 구상해 보는 것을 추천한다.

아이디어는 책상에서 나오지 않는다. 혼자 자리에 앉아서 고민하기보다는 다른 환경을 접하고, 다른 관점을 가진 사람과 해당 주제에 대해서 토론을 해 보자. 그러면 해결의 실마리가 보일 수 있다. 쓸데없어 보이는 농담을 계속하는 회의도 중요하다. 그렇게 비현실적인 이야기를 하다 보면 실무에 적용할 수 있는 아이디어가 나오기도 한다. 그럴 때면 스쳐 지나가는 농담도 하나씩 칠판에 써 가며 비슷한 것끼리 연결해 보고 다시 흩어놓기를 반복하는 방식을 실행해 보자. 포스트잇을 준비해서 붙였다 떼길 반복하며 첫 번째 카테고리로 묶었다가 다른 카테고리로 묶는 연습을 하면 가장 중요한 맥락을 찾을 수 있고, 새로운 아이디어를 남길 수 있게 된다.

특히 고객과 가까운 직무라면 새로운 핫플레이스를 가 보고, 이슈가 되는 글을 보는 것도 도움이 된다. 요즘 사람들이 어떤 것에 관심을 갖는지, 어떤 맥락에서 이런 이슈가 생겼는지, 이런 영상 또는 글의 조회 수가 왜 높아졌는지 확인하다 보면 고객의 트렌드를 읽을 수 있다. 꼭 같은 업계에서 하는 활동에만 한정해 둘 필요는 없다. 나이키의 경쟁자가 닌텐도라는 사실은 10년 전부터 유명한 사실이다. 자신의 업을 한정하지 말고, 세상이 어떻게 돌아가는지 호기심을 갖자.

나는 아이디어를 내야 할 때 사무실에 있기보다는 그 주제를 생각하며 일단 퇴근을 했다. 댄스 동호회에 가서 춤을 추다 보니 아이디어가 생각나기도 했고, 아이를 재우며 생각의 꼬리를 물다 보니 해결책이 떠오르기도 했다. 특히 해당 주제를 직접 손으로 그려 가며 의사결정나무(Decision Tree)를 그려 본다든지, 엑셀로 카테고리를 나눠서 중점적으로 고민할 주제의 우선순위를 나눈 뒤에 작업하는 것이 큰 도움이 되었다. 전혀 다른 업계의 동일 직무인 직원들은 뭘 하고 있는지 조사도 해 보고, 소비자들의 생생한 의견을 들어 보는 것도 도움이 된다.

다른 공간에서 생각하는 것도 큰 도움이 된다. 생각을 전환하기 위해선 여행을 가는 것이 가장 좋겠지만 그럴 시간이 안 되니, 여행을 간 것처럼 느끼게 해 주는 새로 생긴 서점, 카페, 음식점에 가는 것도 좋은 방법이다. 사실 여행을 떠나도 카페나 음식점 등 실내에서 보내는 시간이 많고, 그 공간의 매력을 느끼며 감정을 전환하곤 한다. 이처럼 낯선 공간이 주는 새로운 자극이 당신을 더 창의적으로 만들어 줄 수 있다.

'끊어서' 파악하는
시간 관리법

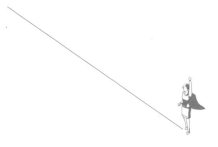

퇴근할 때 스스로에게 오늘 하루 무얼 하며 보냈는지 물어도 떠오르
는 생각이 별로 없다면 시간 관리가 필요한 시점이다. 정신없이 쏟아
지는 업무 속에서도 중요한 것을 먼저 해내고 최대한 효율적으로 하
루를 보낼 수 있게끔 시간 관리를 당장 시작하자.

미국 타임지에서 선정한 인류 역사상 가장 큰 영향을 미친 인물
은 서양 최초의 금속활자를 발명한 요하네스 구텐베르크(Johannes
Gutenberg)였다. 인류의 역사가 인쇄술 덕분에, 즉 '기록' 덕분에 발전
해 왔다는 걸 잊지 말고 당장 기록을 시작하자. 기록할 게 별로 없다
고 치부해 버리지 말고, 매일 조금씩 써 나가며 습관을 만드는 것에
집중하자. 시간을 잘 관리하기 위해서는 오늘 무슨 일을 해야 하며,
어떻게 시간 분배를 할지 작성하는 것부터 시작해야 한다.

물병에 작은 돌과 큰 돌 일정량을 넣어야 할 때, 작은 돌을 먼저 담
으면 큰 돌을 담을 공간이 없어진다. 반면, 큰 돌을 먼저 담고 나서
작은 돌을 담으면 더 많은 양을 담을 수 있다. 중요한 일을 먼저 하고

싶다면 계획적으로 먼저 할 수 있도록 기록을 통해 세밀하게 관리해 보자. 시간 관리의 핵심은 '끊어서 관리하기'다. 회사에서는 워낙 동시다발적으로 생기는 일이 많기에 더욱 더 끊어 관리하기가 필요하다. 수많은 업무 중 윗선에서 중시하는 일을 먼저 처리해 내는 것이 우선이라는 것을 잊지 말자. 자신에게 중요한 일보다 윗선에서 중요하다고 생각하는 일을 잘 해내야 인정받을 수 있다. 물론 회사에서 떨어지는 업무들을 처리하느라 기록할 시간조차 없는 경우도 있다. 그래도 나중에 자신이 뭘 했는지 돌아보기 위해, 더불어 평가받을 때 작성하기 위해서라도 우선순위를 표기하며 할 일을 관리하길 바란다.

업무를 기록하는 샘플은 아래와 같다. 먼저 업무별로 대분류를 쓰고, 설명을 중분류에 쓰고, 상세 내용을 소분류에 쓰면 된다. 그 뒤에 시작일, 마감 예정일, 중요도, 특이사항, 완료 여부를 표기해 두는 것이다.

대분류	A모델 런칭	A모델 런칭	채널 전략
중분류	A모델 타깃 분석	A모델 타깃 분석	채널별 판매량 분석
소분류	판매 데이터 분석	시장 조사	채널별 프로모션 시기 및 혜택 정리
시작일	3/10	3/11	3/1
마감 예정일	3/14	4/30	3/19
중요도 (5점 만점)	5	4	5
특이사항	–	조사 업체 선정 지연	C 부서 회신 지연
완료 여부	완료	진행 중	진행 중

이처럼 엑셀에 업무 리스트를 관리하고 완료 여부를 표시해 두자. 완료 업무는 필터를 걸어서 숨김 처리하면 관리하기도 쉽고, 나중에 지나서 무슨 일을 했었는지 돌아보기에도 좋다. 일회성인 소소한 업무는 별도 시트를 마련해서 '수시 업무'를 따로 관리해 두면 중요한 것을 하느라 급한 것을 놓치는 걸 예방할 수 있다. 직접 노트에 필기하는 게 성향에 맞는 분들도 있으니 본인에게 맞는 방식을 찾아보길 바란다.

더불어 회사 동료들 간의 잡담 시간도 생각보다 많은 시간을 차지하는데, 사실 어느 정도 업무 외적인 대화를 해야 관계도 끈끈해지고 업무에도 도움이 되는 게 맞다. 다만 이런 측면 때문에 불필요한 야근을 하고 있는 건 아닌지 스스로 시간대별 기록을 통해 파악하며 적

	업무 계획	실제 업무	중요도
9~10시		관련 이메일, 전화 응답 및 팀 미팅	1
10~11시	A모델 판매 데이터 분석	A모델 판매 데이터 분석	3
11~12시		상품기획 1팀 김 과장 긴급 요청 작업: PRM 작성	1
1~2시	시장 조사 자료 분석	시장 조사 기존 자료 분석	3
2~3시		조사 업체 미팅 : 기획 방향 논의	4
3~4시		조사 후 최종 결과물 구상안 짜기	4
4~5시	A모델 출시 준비	A모델 유관 부서 미팅	4
5~6시			
6~7시	퇴근	전략 팀 긴급 요청 : PRM 보고서 수정	1

정 수준을 컨트롤할 필요가 있다.

시간대별 기록을 할 시간이 된다면 아래처럼 엑셀에 관리하는 것도 방법이다. 이때 업무 계획은 시간대별로 하기 힘들다는 현실을 감안해서 너무 세부적이지 않게, 굵직하게만 계획하는 것이 좋다. 다만 실제 업무 진행 내용은 간략하게라도 시간대별로 기록을 해 두면 나중에 일이 밀리는 원인 등을 파악하는 데 도움이 된다.

시간대별 구분이 나을지, 오전 오후 구분이 나을지 등은 본인의 스타일에 맞는 수준으로 활용하길 바란다.

SNS로 올리는 부수입

유튜브와 함께 떠오르고 있는 새로운 직업이 '인스타그래머'다. '유튜브처럼 광고가 있는 것도 아닌데 직업이라니?' 싶기도 하겠지만, 알고 보면 수익 발생 방식이 꽤 다양한 편이다. 유명세를 탄다는 점에서는 유튜버와 비슷해 보이지만 인스타그래머는 상당히 다른 특성을 나타낸다. 아래 7가지 중 하나라도 잘하는 게 있다면 인스타그램에서 통할 수 있다.

(1) 색감이 좋다

(2) 사진을 감각적으로 찍는다

(3) 그림을 잘 그린다

(4) 예쁘다, 또는 잘생겼다

(5) 멋을 잘 낸다

(6) 사진이나 짧은 글귀로 웃길 줄 안다

(7) 짧은 글귀로 공감을 받을 줄 안다

인스타그램은 유튜브와 달리 짧은 이미지와 글 안에 순간적으로 매력을 방출해야 하기 때문에 무엇보다도 감각이 중요하다. 더욱 활성화시키기 위해선 매일 업로드를 해야 하고, 태그를 많이 붙여야 하고, 답글을 다는 등 신경 쓸 것이 많은 편이다. 하지만 유튜브 영상에 비하면 공수가 훨씬 적은 편이니 감각이 있다면 인스타그램에 도전해 보자.

공감 가는 그림이나 글귀를 올려서 단기간에 팔로워가 많아진 인스타그래머들도 있다. 스타 인스타그래머가 되면 협찬 수익을 꽤 올릴 수 있다. 사진 한 장 당 200만 원에서 500만 원까지 협찬을 받는 스타들이 있으며, 해외는 협찬료 수준이 억 단위로 올라간다.

더불어 인스타그램에 제품 리뷰를 올린 후 판매 링크로 연결해서 판매 수수료를 올리는 경우도 많다. 인스타그래머가 직접 재고 관리를 해야 하는 것도 아니고 연결만 해 주면 되기 때문에 블로그 마켓에 비하면 훨씬 편하게 진행할 수 있다. 인스타그램을 홍보 매체로 활용하며 직접 만들거나 구매한 제품을 판매하는 것으로 매출을 얻는 이들도 있다.

인스타그램뿐만 아니라 페이스북, 틱톡, 네이버 카페, 네이버 밴드 등을 통해서도 부업을 할 수 있다는 사실을 모르는 이들이 많다. 어떤 매체든 사람이 모이면 돈이 된다. 이 진리를 잊지 말자.

유튜브가 생기기 훨씬 전부터 온라인으로 돈을 버는 이들은 많았다. 수익은 어떤 제품이나 서비스를 대신 홍보해 주고 협찬 비용을 받는 방식, 직접 물건을 판매하는 방식, 판매 링크를 연결해 수수료를 받는 방식, 계정을 판매하는 방식으로 얻는다.

페이스북 그룹이나 특정 아이디로 팔로워 수를 늘린 뒤에 광고비를 받고 홍보를 하기도 하고, 계정을 팔아서 몇백 만 원씩 돈을 버는 경우도 있다. 그러니 페이스북으로 사람을 좀 모을 수 있을 것 같다면 적극적으로 전체 공개 계정이나 그룹을 만들어서 운영해 보자.

또한 짧은 영상 중심의 플랫폼인 틱톡도 있다. 팔로워가 많은 인기 틱톡커에게도 협찬 광고가 많이 들어가고 있으니, 젊은 세대에게 어필할 자신이 있고 화려한 필터와 효과를 살려서 재밌게 짧은 영상으로 승부할 수 있다면 틱톡을 활용하는 것도 방법이다.

촬영본을 2배속, 4배속으로 빠르게 돌려서 보여 주거나 성형 효과가 적용되는 등의 필터 효과가 다양한 편이다. 그러니 재밌고 특색 있는 영상을 만드는 게 포인트다. 10대 위주의 젊은 세대가 주로 사용하고 있지만, 유명 틱톡커 중에는 3040 세대도 있다.

네이버 카페나 네이버 밴드를 만들어서 가입자 수로 승부를 보는 카페도 많다. 유명 카페들의 경우 카페 메인 화면에 홍보 배너에 올리는 것만으로도 몇백만 원씩의 홍보비를 받는다. 특히 지역 기반이거나 특정 주제의 카페인 경우 관련 업체들의 홍보 요청이 많이 들어온다. 공동 구매 형식으로 추가 할인을 해 준다며 물건을 판매하고 수수료를 받기도 한다. 그래서 유명 카페들은 아예 기업 수준이라고 불리기도 한다.

임대료, 인건비 없이 혼자서 카페를 키워 나가다가 규모가 커진 카페도 많다. 직접 한다면 어떤 주제로, 어떤 식으로 운영할 수 있을지 시장 조사부터 해 보자. 연령대가 높은 이들은 밴드를 많이 활용하고 있으니, 잘나가는 밴드를 벤치마킹해서 본인만의 개성을 살려 보는 것도 방법이다.

Chapter 6

Direction

직장에서 길을 찾는 업글 인간의 기술

목적 있는
커리어 관리법

막막함에 갇힌 너에게

학생 때는 취직만 하면 좀 나아질 줄 알았는데
직장인이 된 후에도 미래에 대한 불안함이 사라지질 않는다.
이 회사가 내 미래를 책임져 주지도 않을 텐데
이렇게 회사, 집, 회사, 집만 반복해도 괜찮은 걸까?
회사에서 즐겁지도 않고 여기서 오래 다니고 싶지도 않지만
미래를 위해 다른 준비를 할 여력이 없어서 더 불안해진다.

일을 하고 있는데도 왜 이렇게 막막하게 느껴질까?
당장 내일 있을 보고가 잘 될지도 막막하고,
내년에도 이 팀에서 계속 일하는 게 맞는지도 막막하고,
잘하고 있는 건지, 잘 살고 있는 건지
막연하고 답답한 감정에 현실 도피를 하고 싶을 따름이다.

제일 큰 문제는 피곤에 쩌들어 있다는 것.

무언가 다른 걸 해 보고는 싶은데

회사에서 퇴근하고 나면 아무것도 할 힘이 남아 있지 않다.

나이가 들어서 에너지가 없는 건지

무력감에 휩쓸려 누워 있으면서도 아무것도 하고 싶지 않다.

우울증인가, 문제가 있나, 슬럼프가 온 건가

고민만 많아진다.

회사에서 아무런 성취감도, 만족도, 행복감도 느낄 수 없는데

이곳에 계속 다니는 게 맞는지 자괴감이 든다.

매일매일 혼나고 시달리다 보니 괴롭다는 생각만 들 뿐이다.

더 잘할 수 있는 일이 있지 않을까?

왜 나는 잘 못하는 일이 주가 되는 곳에서 버티고 있는 걸까?

이직은 마냥 어렵게만 느껴지고,

옮긴다고 해서 잘 해낼 수 있을지도 막막하다.

커리어 멘토 민지의 편지

불안도 삶의 일부더라

불안하고, 막막하고, 답답하고, 무력하고, 피로하고
회사원들이 걸리는 병에 시달리고 있구나.
너무 힘들면 옮겨도 돼. 정답은 아니지만 대안은 될 거야.
옮길까 고민하기 전에 마음 먼저 달래고 가자.

불안함에 대해 말해 볼까?
요즘처럼 고용되어 사무실로 출퇴근하는 형태의 회사는
생긴 지 100년이 채 안 되었다고 해.
채집을 하던 시절에도, 농사를 지을 때도, 공장에 다닐 때도,
내일이 불안한 건 모든 생명체가 가진 당연한 순리 아닐까.
네가 부족해서, 문제가 있어서 불안해하는 게 아니야.
불안함에 고통스러워하기보단, 감정을 인정하고 받아들이자.

막막하고 답답한 감정에 대해 말해 볼까?
만약 우리 삶이 전부 다 결정되어 있고

꼭 해야 하는 일만 숙제하듯 해치우는 삶이라면 행복해질까?

직접 만들어 나가며 시행착오를 겪는 것이야말로

나만의 삶을 찾아갈 수 있는 방법 아닐까?

막막함도, 답답함도 당연한 여정이라고 생각해.

그 감정을 인생의 일부로 받아들이면

보듬어 안을 수 있게 되더라.

무력하고, 피곤한 감정에 대해 말해 볼까?

휴대폰 배터리가 방전되듯 피곤에 지친 상태일 땐

작더라도 당장 실천할 수 있는 대안이 필요해.

몸이 건강하지 않으면, 마음도 아파 오거든.

아무리 피곤해도 당장 하고 싶은 가슴 뛰는 무언가를 만들면

피곤함을 이기고 행동으로 옮길 수 있을 거야.

무언가 설레고 즐거운 일이 하나쯤 있어야

정신도 육체도 건강하게 유지할 수 있단 걸 잊지 말자.

팀을 옮기거나 이직을 한다고 해서

그런 감정들이 다 해결되진 않겠지만

적어도 새로운 자극을 줄 수는 있을 거야.

옮기려면 어떻게 해야 할지 알려 줄게. 힘내!

장기 근속,
이유 있는 버티기

지금 회사가 너무 힘들고 짜증난다 하더라도 홧김에 포기해 버리지는 말자. 지금의 회사를 계속 다닐 때 얻을 수 있는 장단점과 이직, 휴식, 유학 등의 대안을 찾았을 때의 장단점을 비교해서 리스트를 작성하고, 하나씩 따져 보며 객관적으로 진단해 보자. 이 과정을 거치며 주위 경험담을 듣다 보면 한 회사에 오래 다니며 얻는 장점도 생각보다 크다는 것을 알 수 있다.

우선 한 회사에 오래 다니면 그동안 회사의 주요한 이벤트, 흥망성쇠를 함께 보낸 덕에 아는 것이 많아진다. 실제로 아는 것이 얼마나 되는지를 떠나서 '아는 것이 많은 사람'으로 비춰진다. 회사에 대한 이해도와 업계에 대한 상식은 돈을 주고도 살 수 없는 중요한 능력이다. 흔히 이직해 온 사람에게 "자네가 이 회사를 잘 몰라서 그러는데…"라는 말을 자주 한다. 특히 경력직 비중이 기존 직원보다 적은 경우는 몇 년을 다녀도 "저 직원은 경력직이라서 잘 모르잖아."라는 취급을 받는 경우도 많다. 설령 한 직장을 오래 다니며 쌓아 온 정보가 쓸모없거나 누구든 오래 다니면 알게 되는 수준이라 하더라도, 그런 배경 지식과 업계의 흐름을 알고 있다는 것 자체가 큰 무기가 된다는 사실을 저평가하지 말자.

또한 회사 안에 아는 사람이 많아지다 보니 일을 처리하고 협업을 하는 것도 쉬워진다. 한 팀만 단독으로 진행하는 업무는 드문 편이기 때문에 관련 부서에 협조를 요청하고 별 탈 없이 업무를 진행해 가는 능력은 매우 중요한 역량이 된다. 회사 일은 결국 사람이 결정하는 것이므로 사내 인적 네트워크는 협업을 할 때마다 큰 힘을 발휘한다. 새롭게 알게 된 사람보다는 이미 알고 있던 사람에게 더욱 호의적인 태도를 보이는 한국인의 문화 특성상, 한 회사에 오래 다녀서 많은 이들을 알고 있다는 사실만으로도 협업 진행에 도움이 된다. 특히 경력직으로 입사한 사람에 대해서는 '얼마나 잘하나 보자.'라며 경계하는 시선이 있다. 하지만 신입 때부터 봐 온 직원에게는 더 편한 감정을 느끼고, 공채 선후배라는 이유로 더 친근하게 대하는 경우도 많다. 이런 이유로 사람들과 안면을 트고 친분을 쌓기에 장점이 더 많다.

게다가 오래 다녀야 금전적인 손해도 적다. 오래 근속한 직원은 퇴직금을 중도 퇴사자보다 많이 받는다. 법정 퇴직금은 어느 회사든 '1일 평균 임금×30(일)×(근속 연수+1년 미만 기간의 일수÷365)'이라는 동일한 공식으로 산출된다. 매년 월급도 오르고 기간도 많아지기 때문에 한 회사에 오래 다닐수록 퇴직금을 많이 받게 된다. 즉, 3년마다 옮겨 다니며 퇴직금을 세 번 받은 A보다 한 회사에서 9년을 쭉 다닌 B의 퇴직금이 높아지는 구조다. 특히 1년 이상 근무 시에만 퇴직금을 받을 수 있으니, 너무 짧게 다니고 그만두는 것은 퇴직금도 함께 날리는 것이라는 사실을 명심하시길 바란다.

더불어 이직을 하는 순간 연차는 제로베이스로 시작된다. 2019년 노동법 기준으로 이직해 온 사람은 한 달을 만근해야만 연차 한 개가 생기며, 입사를 한 다음해 12월까지 최대 발생하는 연차는 12개뿐이다. 예를 들어 2020년 2월에 경력직으로 입사했다면 2021년 12월까지 발생하는 연차는 총 12개뿐이다. 2022년 1월이 되어야만 작년에 12개월 만근이 인정되어 연초 15개의 연차가 생긴다. 기존 회사에서는 연초가 되면 기본으로 15개 이상의 연차가 생겼는데 이직 후 연차가 적어져 불편함을 겪는 이들도 많다. 어차피 연차는 다 못 쓰는 거라고 치부하는 이들도 있지만, 유급 연차의 유무는 별개의 문제다. 그러니 평소 연차를 써야 할 일이 있는 상황이라면 이 점 또한 고려해야 한다. 그러니 이직할 땐 퇴직금 감소, 연차 감소 등을 감안해서 더 좋은 연봉으로 이직해야 손해를 예방할 수 있다.

그중 가장 큰 장점은 굳이 이직을 준비하며 에너지를 쏟지 않아도 되고, 새로운 회사에 적응하느라 고생하지 않아도 된다는 점이다. 이직 스트레스는 삶에서 상당히 큰 부분을 차지한다. 특히 새로 옮긴 회사에 어떤 사람들이 있을지도 모르고, 새로운 조직 문화에 잘 어울릴 수 있을지 가늠하기도 어렵다. 초반에는 이미지 관리도 해야 하고, 새로운 직원을 경계하고 시샘하는 시선도 분명 존재할 것이다. 학창 시절에도 전학을 가면 힘든 부분이 많았는데, 월급 값을 해야 하는 회사는 그 부담감이 더 크게 느껴질 수밖에 없다. 새로운 도전을 즐기는 성향이라 하더라도 이직은 스트레스를 받는 일이다 보니 안정을 추구하는 기질이라면 더 부담스럽게 느껴질 수 있다.

그렇기에 한 회사에 오래 다니는 것을 결코 무능하다거나 커리어 관리를 하지 않는 것으로 치부해선 안 된다. 그 회사에 오래 다닐 수 있다면 계속 다니기로 결정해도 좋다. 다만 언제든 회사가 나를 필요로 하지 않게 될 때를 대비하여 혼자 자립하거나 이직할 수 있는 플랜 B를 준비해 두는 것이 필요하다.

한 회사에 오래 다닌 이들의 비결이 있다면? 간단하다. 그냥 버틴 거다. 더 똑똑해서도, 더 인정받아서도, 더 게을러서도 아니다. 단지 현재에 충실하며 하루하루 버텼다. 그것이 훗날 잘한 선택이 될지 아닐지는 모르지만, 개인의 가치관에 따라 이 회사에 더 다니기로 결정한 것뿐이다. 이 회사가 오래 다녔을 때 얻는 장점이 더 큰 곳일지, 다른 곳으로 옮겨 갔을 때 얻는 이득이 더 많은 곳일지는 확실하지 않다. 이는 결국 자신의 성향이 어떤 타입이냐, 이직 후보가 어디냐에 따라서 달라진다. 그러니 이 회사에서만 오래 다닌 이들을 무시할 것도, 빨리 도망간 이들을 부러워할 것도 없다. 다만 진득하게 이 회사에서 오래 다닌 사람들이 많다면 그만큼 장점이 많다는 증거로 봐도 무관하다. 그래서 회사에 대한 평가 항목에 근속년수도 중요한 부분으로 고려된다. 오래 근속한 사람이 적다면 이직이 많은 업계이거나 버티기 힘든 회사일 확률이 높다. 전자인지 후자인지 파악해 보고 원할 때 미련 없이 떠날 수 있게끔 준비를 해 두자.

회사는 매일 출근만 해도 매달 꼬박꼬박 월급이 나오는 정말 놀라운 시스템을 가지고 있다. 출퇴근하며 정규적인 월급을 받고 근무하는 방식이 생긴 지는 인류 역사 100년도 채 되지 않는다. 당장 자신이 월급만큼 회사에 기여한 것인지 환산이 되는 것도 아닌데 매달 월급을 준다니, 직원 입장에선 스트레스와 야근만 배제하면 손해 볼 것 없는 시스템이다. 더불어 자진 퇴사를 하게끔 만들기도 하지만, 법적으로는 다른 나라에 비해 정규직을 쉽게 해고할 수 없는 편이다. 지금 겪고 있는 스트레스가 많아서 장점을 잊고 있었다면 월급쟁이로 이 회사에 다니는 것이 얼마나 장점이 많은지를 떠올려 보자.

새로운 방향성
'팀 이동'

대부분의 신입 사원들은 '어쩌다 보니' 그 팀에 배정된 케이스가 많다. 지원한 부서는 경영기획인데 마케팅처럼 다른 직무로 배치되는 경우도 흔하다. 만약 현재 팀의 업무가 맞지 않거나 하고 싶은 직무가 따로 있다면 미리미리 직무 이동을 염두하고 행동해야 한다.

일단 팀을 옮기고 싶은 마음이 있어도 한 팀에 최소 3년 이상은 근무하는 편이 낫다. 3년도 채우지 않고 팀을 옮기겠다고 나서면 '어린 직원이 다른 데 가겠다고 나서다니, 의뭉스럽네.'라고 찍힐 수 있다. 아직 연차가 낮다는 이유로 이동이 거의 다 확정된 상태에서 막히기도 한다. 따라서 한 팀에서 3년 이상을 보냈을 때가 이동할 곳도 가장 많고, 욕도 덜 먹을 만한 시기다.

물론 개인의 관점에서는 '아니다 싶으면 빨리 옮겨야 하는 거 아니에요?'라고 물어볼 수 있다. 하지만 조직의 관점에서는 '얼마 해 보지도 않았으면서 옮기겠다고 하는 걸 보니 기본이 없네.'라고 생각할 수 있다. 도저히 3년까지 못 버티겠다면 어쩔 수 없겠지만, 위험 부담이 있다는 점은 알아두기를 바란다.

팀별 연봉 차이가 큰 것도 아니고, 소위 '빡쎈' 업무가 많은 팀에서 고생하느니 여유로운 팀이 낫다고 생각할 수 있다. 그런데 생각보다 어느 팀 출신인지의 영향이 크다. 회사 내부에서도, 외부에서도 '어느 팀 출신'이라는 꼬리표가 영향을 미친다. 특히 이직을 한다면 본인이 속한 팀과 업무가 가장 크게 영향을 미치기 때문에 장기적으로 커리어를 계획해야 한다. 자신이 어떤 방향으로 가고 싶은지 고민하고 현재 있을 곳을 정해야 한다.

반면 한 팀에서 너무 오래 일하다가 과장급이 되고 나면 다른 업무를 새로 배울 기회가 더 적어진다. 그렇기 때문에 해당 팀에서 스페셜리스트가 되고 싶은 게 아니라면 과장이 되기 전에 두 개 이상의 팀에서 일해 보는 게 좋다. 그냥 주어진 대로 일하면서 한 가지 업무만 할 줄 알더라도 문제될 것이 생기지 않으면 괜찮다. 하지만 그 팀의 입지가 줄어들거나, 외부에서 인력이 계속 충원되거나, 여기서 더 일한다고 팀장이 될 만한 상황은 아니라면 경쟁력을 잃을 수 있다. 혹시 이미 그런 상황에 처해 있다면 해당 분야의 전문성을 살려서 이직을 하면 되니 너무 걱정하진 않길 바란다.

또한 옮기고 싶은 팀에 대해 미리 조사하는 것도 중요하다. 회사 내의 조직도를 보며 업무적으로 하고 싶은 일들을 뽑아 보고, 실제 그 조직의 분위기를 수소문하며 가고 싶은 팀의 우선순위를 정하자. 직무 특성상 한 팀 안에 있어도 업무의 종류가 계속 바뀌는 경우엔 오래 있어도 괜찮다. 다만 팀 업무가 정해져 있는 시스템이라면 다른 팀으로 가서 새로운 업무를 해 보는 것도 좋다. 능숙해진 일을 버리고 새로운 일을 배우는 것이 두렵기도 하겠지만, 학습 능력은 나이가 들수록 떨어지는 경향이 있다. 조금이라도 어릴 때 두 개 분야의 업무를 배워 두면 쓰임새가 생길 것이다.

팀 스카우트 제안을
받는 비결

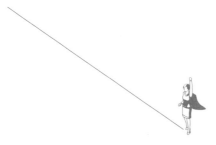

회사 내에서 팀을 옮겨 본 사람들의 사례를 다양하게 들어 두는 것은 큰 도움이 된다. 지금 당장 팀을 옮길 게 아니라 하더라도 일반적으로 이 회사는 팀 이동을 어떻게 하는지, 사내 직무 공모가 있다면 얼마나 활성화되어 있는지, 이미 팀장과 협의가 완료된 후 공모를 띄우는 '짜고 치는 고스톱'인 건지, 지원서를 보고 결정하는 방식인 건지 등을 자세히 알아보는 것이다.

나의 경우 마케팅 본부 내에서 이동하길 원하면서도 어떻게 이동해야 하는지를 전혀 알지 못했다. 그래서 아주 큰 실수를 했지만, 그 실수는 당시 나에게 있어서 최선의 선택이었다.

내가 첫 팀에서 근무한 지 3년 10개월쯤 되었을 때, 우리 팀장님이 윗분 지시에 의해 다른 부서로 가게 되었다는 소식을 듣게 됐다. 대대적인 조직 개편이 진행될 예정이었고, 당시 나는 팀에서 두 번째로 오래 근무한 직원이었다. 그런 상황에서 다른 팀에 가고 싶다고 말해 봤자 "너보다 오래 있던 선배도 아직 여기에 있는데 너를 어찌 챙겨 주겠냐?"고 할 게 뻔했으며, 팀장님도 나가는 상황인데 나를 챙겨 주기는 힘들 것 같았다. 팀장님이 옮겨 갈 부서도 마케팅이 아니었던 탓에 가고 싶지도 않았고, 따라가고 싶다고 말할 상황도 아니었다. 그때 나는 여러모로 나와 맞지도 않는 팀에, 더 이상 배울 것도 없고 잘하지도 못하는 일에 시간을 더 보내고 싶지 않았다.

결국 마케팅 본부의 상무님께 메일을 썼다. 그동안 있었던 팀이 상무님을 보좌하는 팀으로 늘 옆에 있고 회식도 많이 해 온 덕에 가깝게 느껴져서 바로 행동으로 옮겼다. 제가 이러이러한 상황이고, 그동안 이런 업무들을 해 왔고, 마케팅 본부 내의 어느 팀이든 좋으니 이동하고 싶다는 내용을 적어 보냈다. 이후 알게 되었는데 이 방법은 매우 부적절한 방법이었다. 회사는 절차, 순서를 중요시하기 때문에 업무적인 일이 아니라 하더라도 순서대로 보고가 되어야 한다. 그런데 내 위의 팀원들과 팀장님을 전부 건너뛰고 바로 요청을 한 것이니 잘못 되어도 한참 잘못된 방식이었다. 상무님은 내 메일을 확인한 후 이 팀에 가장 오래 있었던 선배에게 바로 전화해서 "너 김 대리를 어떻게 가르쳤기에 나한테 바로 메일을 보내는 거냐!"라고 혼을 냈다고 전해 들었다.

다행히 직접적으로 날 혼내지는 않으셨고, 운 좋게도 본부 내에서 나를 받겠다는 팀장님이 계셔서 그 팀으로 가게 됐다. 그 팀은 원하던 업무 중 하나를 맡고 있었기에 마냥 좋았다. 사실 그때 그렇게 손을 들지 않았더라면 팀을 이동하기는 매우 힘들었을 것이기에, 욕은 조금 먹었더라도 잘한 일이었다고 생각한다.

하지만 지금의 경험을 가지고 그때로 돌아가면 그보단 더 매끄럽고 현명한 방법을 쓸 것 같다. 팀 이동의 핵심은 직접 '나를 데려가겠다고 말해 줄 팀장을 찾는 일'이다. 당시 나를 받아 주었던 팀장님께 미리 찾아가서 "저희 팀이 이런 상황이고, 저는 이 일을 하고 싶습니다. 저를 받아 주실 수 있으신가요?"라고 여쭤보며 제안을 드렸다면 일이 훨씬 매끄러웠을 것이다. 그러기 위해서는 평소 가고 싶었던 팀의 팀장, 팀원들과 관계를 형성하고 점수를 따 두는 것이 좋다.

내게는 아무도 그런 조언을 해 주지 않았기에 미리 다른 팀 팀장님들께 잘 보여 둬야 한다는 생각도 하지 못했다. 선배들의 입장에선 내가 다른 데서 점수를 더 많이 딸까 봐 싫었을 수도 있고, 아니면 정말 후배들에게 무관심해서 안 알려 준 것일 수도 있다. 실제로 나의 직장 생활 초반 3년 10개월은 매우 암울하고 어두웠던 시절이었기에 주위 팀장님들도 나를 특별히 좋게 보진 않았을 것 같다. 그 시기에는 아무도 나에게 "우리 팀 올래?"라는 제안을 먼저 해 주지 않았다. 대신 이런 교훈을 얻은 뒤에는 더욱 더 신경을 쓰며 지낸 덕에 여러 팀에서 스카우트 제의를 받게 됐다. 이처럼 조직 이동을 위해서는 평소 평판 관리, 이미지 관리를 해 두는 것이 좋다. 이직을 해 온 뒤에도 7개월 만에 두 개 팀에서 스카우트 제안을 받게 됐다. 무척이나 감사한 일이었다. 만약 이런 사실을 어릴 때 깨닫지 못하고 예전처럼 어둡게만, 불평 가득한 채로만 지냈다면 절대 듣지 못했을 제안이다.

하루하루가 힘들고 버거워서 주위에 잘 보일 여력이 없는 분들께도 꼭 말씀드리고 싶다. 지금의 어둠 속에서 빠져나오고 싶다면 먼저 밝아져야 한다. 그래서 누군가가 당신을 발견하고 꺼내 줄 수 있게 만들어야 한다. 계속 어두운 곳에만 있으면 아무도 도와주지 못한다. 도움의 손길 없이 밝은 부서로 이동하기란 쉬운 일이 아니다.

주위를 보면 팀 스카우트 제안을 많이 받는 직원들의 특징이 있다. 착하고, 잘 웃고, 시키는 대로 잘하고, 인상 좋고, 성실한 일꾼 같아 보이는 직원들. 그들의 속은 타들어 가고 있을지 모르지만, 대부분의 리더들은 업무 능력보다는 사람의 성향을 우선시한다. 그런 직원이 되어야만 팀을 옮길 수 있다는 말은 아니다. 하지만 어느 정도 외부에서 보는 자신의 이미지를 신경 쓰는 것은 필요하다.

본인이 리더의 입장이라고 생각해 보자. 싹싹하고 열심히 일하는 직원을 뽑고 싶지, 불만 많고 요구 사항만 많은 직원을 뽑고 싶지는 않을 테니까. 설령 지내다 보면 괜찮은 직원이라 하더라도, 그것만으로는 날 데려가 달라고 어필하기 충분치 않다.

이외의 확률이 가장 높은 방법은 조직 개편 시기를 노리는 것이다. 그 시기에 이동을 해야 자신의 빈자리를 메꿀 이를 찾기도 쉬워지기 때문에 팀 이동이 훨씬 수월해진다. 대대적인 개편을 위해 별도로 이동 희망 부서를 묻는 경우도 있으니 그런 타이밍을 노리는 것이 좋다. 실제로 나도 처음 팀을 옮겼을 때 해당 팀에 자리가 없어 나와 비슷한 대리급 한 명이 다른 팀으로 보내졌다. 그분이 '원래 있던 팀과 나는 잘 맞지 않는다.'고 느껴서 다행이었지만, 사실 한편으로는 굴러온 돌이 박힌 돌을 빼는 것처럼 생각했을 수도 있다. 이처럼 본인이 손을 들지 않더라도 충원으로 인해 다른 팀에 보내지는 경우도 생

긴다. 그런 경우라도 좋으니 나가고 싶다면 물망에 오르기 위해 팀장
님과의 코칭 시간에 "저는 이 팀의 업무와 잘 안 맞는 것 같습니다."
와 같은 언급을 해 두는 게 좋다. 물론 이런 언급은 안 좋은 평가를
받을 수 있다는 리스크를 감안해야 한다.

또 하나의 방향성
'이직'

이직에도 적당한 시기가 따로 있다. 일단 대부분의 한국 회사에서는 최소 만 2년 이상 일을 해 두어야 해당 업무를 바로 해낼 기본을 갖추었다고 본다. 외국계는 더 짧은 경력으로 이직을 하는 경우도 있다. 채용 규모로 보자면 경력직은 사원보다는 대리, 과장급이 이직을 가장 많이 한다.

이직은 업계, 직종을 바꿀 수는 있지만 직무를 바꾸기는 힘들다. 대부분 구체적인 직무의 경력을 가진 이를 뽑기 때문이다. 그러니 아예 직무를 바꾸고 싶다면 신입으로 빠르게 재취업을 하거나, 회사 내에서 팀을 미리 옮긴 뒤에 2년 이상을 보내는 편이 낫다.

특히 신입으로 재취업하는 데는 오히려 다른 회사에서 1년 이상 다닌 경력이 마이너스가 되는 경우도 많다. 아니다 싶은 회사 또는 직무라면 차라리 빠르게 퇴사하고 한 살이라도 어릴 때 신입 채용 준비를 하는 편이 나을 수 있다. 신입은 채용을 할 때 나이를 보는 편이므로 어린 것도 큰 무기가 된다. 적어도 원래 있던 막내보다는 어린 신입을 뽑고 싶어 하는 게 한국 회사의 문화이다. 물론 공기업이나 일부 기업들은 나이를 고려하지 않으니 너무 큰 스트레스를 받지 않아도 된다.

또한 40대가 넘어가면 이직 기회가 확연하게 좁아진다. 그러니 이직을 할 거라면 30대에 도전하는 편이 낫다. 40대는 이직이 잦은 소수의 직무를 빼고, 인맥 없이는 이직이 어려운 경우가 많다. 해당 업계, 직무 경험뿐만 아니라 리더로서의 자질을 반영하기 때문이다. 팀장으로서 팀원들의 평이 어떤지, 이 회사에 와서 바로 해당 직급만큼의 역할을 소화할 수 있는지까지 고려한다. 그래서 아예 특출난 전문성을 갖춘 다음 이직을 하거나, 기존 조직에서 리더로 인정받은 후에 이직의 문을 통과하는 경우가 많다.

또 한 회사에 오래 근무하면서 팀장으로서의 평판에 무심하게 지내다가 상황이 어려워져서 이직을 알아보니 평판 때문에 힘든 경우도 많다. 최근에는 연차가 올라간다는 이유만으로 팀장 등 리더의 역할을 맡는 것은 맞지 않다는 인식이 생겨서, 연차가 높은 분들 중에서도 리더가 아닌 이들이 늘어나는 추세다. 그러니 본인의 방향을 미리 잡아 가자. 회사 내에서 입지를 다져 핵심 인재가 되거나 다른 업계로도 이직해 갈 수 있는 역량을 키우거나, 아예 제2의 삶을 준비해야 한다. '직장 생활 언제까지 하겠어, 당장 그만두고 싶은데.'라는 생각에만 사로잡혀 있으면서도 행동으로는 못 옮기고 회사를 계속 다니다 보면 준비가 안 된 채로 퇴사를 맞게 될 수 있다.

더불어 이직 채용 공고가 가장 활발한 시기는 연초, 설 이후이고 다음이 추석 이후다. 대부분의 회사가 설과 추석에 상여금을 주기 때문에 이를 받고 퇴사하려는 사람들이 많기 때문이다. 이런 이유뿐만 아니라 전년도에 대한 평가와 인센티브 정산 등이 끝난 설 이후 즈음에 이직 시장이 가장 활발하므로, 이직을 할 생각이 있다면 이 시기에 적극적으로 정보를 탐색하자.

참고로 이직 공고 시기와 실제 채용까지는 시간이 걸린다. 이는 회사마다 다른데, 나의 경우에는 처음 공고를 본 이후 서류 합격 발표와 세 번의 면접, 연봉 협상을 마치는 데까지 총 4개월이 소요되었다. 쉽지 않겠지만 이를 참고하며 채용 과정에서도 최대한 여유를 가지기를 바란다. 최종 합격 후에도 연봉 협상을 마무리하고 오퍼 레터(Offer Letter)를 받을 때까지는 채용 프로세스가 완료된 게 아니라는 점을 명심하고, 기존 회사에 미리 이직 계획을 밝히지 않게 조심하자. 이직 과정에서 서둘러서 좋을 것은 하나도 없다.

똑소리 나는
이직 준비

경력직 이직은 신입 채용과 전혀 다른 프로세스이기 때문에 처음 겪는 이에게는 매우 생소하여 진입장벽이 높게 느껴질 수 있다. 그러나 이것도 한 번만 해 보면 생각보다 어려운 게 아니니 너무 겁먹지 않기를 바란다. 이직을 하는 방법에는 크게 세 가지의 방법이 있다.

첫 번째로 '헤드헌터'를 통한 이직이다. 헤드헌터는 회사에서 필요로 하는 일자리에 적합한 인력을 중개해 주는 사람이다. 집을 구할 때 부동산 공인중개사를 찾아가는 것과 같은 역할을 한다. 회사의 각 팀에서 사람들을 직접 알아보기는 힘들다 보니 이용하는 전문 인력이다. 채용하고자 하는 직무명과 업무 설명 경력기술서(Job Description)를 헤드헌터에게 보내면, 헤드헌터가 채용 사이트에 등록된 인력풀을 검색해 보고 그들에게 이메일, 문자를 보내는 방식이다.

그러니 헤드헌터들에게 연락을 받고 싶다면 먼저 채용 사이트에 등록을 해 둬야 한다. 사람인, 잡코리아, 잡플래닛, 인쿠르트 같은 사이트에 들어가면 상단의 '이력서 관리/등록' 항목을 클릭해서 무료로 등록할 수 있다. 채용 사이트에도 헤드헌팅 게시판이 따로 있으니 아래 주소를 참고하시길 바란다. 또한 헤드헌팅 공고는 회사명을 비공개로하고, 업계와 직무만을 오픈하기도 한다. 그러니 관심 있는 회사명만으로 검색한 후 결과가 나오지 않는다고 포기해 버리지 말자. 공고에 기재된 이메일 주소로 문의하면 회사명을 알려 주곤 한다. 예를 들어 'LG생활건강'으로 이직하고 싶다면 'LG생활건강'으로만 검색하는 것이 아니라 '화장품'과 같은 키워드로 검색을 해야 한다.

잡코리아 내 헤드헌팅 게시판
http://www.jobkorea.co.kr/headhunting/home

사람인 내 헤드헌팅 게시판
http://www.saramin.co.kr/zf_user/jobs/list/headhunting

인쿠르트 내 헤드헌팅 게시판
http://chief.incruit.com/#rshldx:1

두 번째로 공개 채용의 경우, 회사 공식 사이트 내 인재 채용 게시판이나 잡코리아, 사람인 등의 채용 정보 사이트에 공고가 뜬다. 신입 공채뿐만 아니라 경력직 채용도 종종 공개 채용을 진행한다. 관심을 가지고 있는 회사 홈페이지를 즐겨찾기해 두고 종종 들어가서 확인하는 것이 좋다. 경력직이어도 채용 인원 규모가 큰 경우도 있다.

아무래도 한 명만 뽑는 자리보다는 여러 명을 뽑을 때 기회가 더 많을 테니, 경력직도 대규모 공개 채용을 노려 보는 것이 좋다. 지원자가 많아진다 하더라도 결국 되느냐 안 되느냐의 문제이고, 자신과 그 부서가 맞느냐 안 맞느냐의 문제니 너무 겁내지 않길 바란다.

세 번째로 지인 연계 취업이다. 꼭 금수저가 아니더라도 의외로 많이 이직하는 유형이다. 꼭 임원급 지인이 아니어도 괜찮다. 같은 회사에서 근무했던 팀원이 다른 회사에 이직 후 해당 직무 채용 추천을 부탁받아서 취업 자리를 연결해 주는 케이스가 꽤 많다. 그래서 동종 업계의 경우 한 명이 다른 회사로 가면 줄줄이 유출되는 케이스도 생긴다. 타 업계라 하더라도 직무 특성으로 인해 "B 업무를 할 줄 아는 괜찮은 직원이 있으면 좀 소개해 줘."라는 부탁을 받고 옆 팀 직원이 자리를 소개해 주기도 한다. 잘 모르고 지내던 옆 팀 팀장님께 갑자기 제안을 받았다가 이직에 성공한 케이스도 있다. 헤드헌터가 연락을 해선 해당 업계에서 근무하는 지인을 추천해 줄 수 있냐며 부탁하는 경우도 있다.

이런 이유들이 있기 때문에 회사 직원들에게 잘해 둬서 손해 볼 것이 없다. '뭐, 별거 있겠어?'라고 생각했던 다른 팀 직원이 당신의 목표 회사로 이직하는 경우도 있다. 나 역시 이직할 때 주위에서 "거기 자리 있으면 좀 알려 줘."라고 부탁한 사람들이 꽤 있었고, 이직 후 "C 업무를 해 본 사람을 채용하려는데, 김 과장 같은 사람을 찾고 있으니 그 회사 출신이든 지인이든 추천 좀 해 주세요."라는 부탁을 받기도 했다. 특히 미국의 경우 지인을 통한 이직이 더 활발하다. 꼭 지인을 통한 게 아니더라도 채용 최종 단계에서 평판 조회를 하는 경우도 많으니, 평소 본인의 업무 능력과 성향에 대한 평판을 미리 관리해 두면 좋다.

경력직으로 이직할 때 꼭 필요한 '경력기술서'는 어떻게 작성해야 할까? 우선 기억하자. 경력기술서는 보는 사람의 입장에서 작성해야 한다. 당신을 경력직으로 뽑아도 될지 확인하려는 회사에서 궁금해하는 것은 '어떤 일을 해 왔나, 어떤 역량이 있나, 협업 시 어떤 성향인가'에 관한 사항이다. 앞선 두 개의 항목을 파악하고자 경력기술서를 요구하고, 마지막 항목은 주로 면접과 평판 조회로 확인한다.

'경력기술서'라는 말을 처음 들었을 땐 어떻게 써야 할지 감이 오지 않을 것이다. 백문이 불여일견이니 포털 사이트에 '경력기술서'를 검색하고 샘플을 보며 참고하자. 경력기술서는 쉽게 말해 그동안 무슨 업무를 했는지, 공동 프로젝트라면 직접 맡은 업무는 뭐였는지, 업무 성과는 어땠는지를 정리하여 '경험을 바탕으로 업무 역량을 보여 주기 위한' 문서이다. 그러기 위해 업무를 기획, 조사, 분석, 실행, 제휴, 연구 등 특성에 따라 분류하여 업무 내역 세부 리스트를 간단히 정리, 요약해서 보여 줘야 한다.

그동안 바쁘게 일하긴 했는데도 불구하고 막상 이를 작성하려고 하면 뭘 했는지 말하기 어려울 수 있다. 일단 본인이 매년 했던 업무를 최대한 상세하게 목록화하는 작업을 해야 한다. 연말 개인별 KPI 평가 작성본이 있다면 그것을 기록해 두자. 또 몇 년 동안의 자료를 엑셀이나 워드에 붙여 넣고 같은 항목을 카테고리로 묶자. 예를 들면 마케팅전략 팀에 있을 때의 업무를 '가격, 프로모션, 분석' 등으로 나눌 수 있을 테고, '가격' 안에서도 번호를 나누어 관련 프로젝트별로 작성을 할 수 있다. 경력 기술은 시간 단위가 아니라 프로젝트 단위이니, 매년 반복된 업무라면 연도별로 모두 작성할 필요는 없다. 본인이 한 업무를 카테고리로 잘 묶어 나열해 두고, 그에 맞춰 업무들을 정리해 두고, 본인의 역할을 쓰고, 성과를 작성해야 한다. 성과가 특별히 수치화되지 않는 업무라면 윗선의 어디까지 보고가 올라갔는지, 어떤 유관 부서에서 활용했는지, 팀의 어떤 KPI 항목에 기여했는지를 작성해 보는 것도 방법이다.

특히 작성을 할 때 자신도 모르게 늘 하던 대로 회사 내에서만 아는 전문 용어, 명칭을 쓰게 된다. 그걸 그대로 두면 상대방이 이해하기 어려울 수 있으니 지원하는 회사에서 봐도 이해할 수 있게 표현해야 한다. 예를 들면 'C 프로젝트'라고 써 두는 게 아니라, '멤버십 가격 변경'이라고 표기하는 것이다. 이 업계에 대해 전혀 모르더라도, 다른 업계 종사자여도 이해가 갈 수 있게 써야 한다. 다만 동일 직무라면 누구나 이해할 수 있는 약어는 사용해도 괜찮다.

더불어 자신이 했던 일을 그대로 표현만 하기보다는 그게 어떤 일의 범주인지를 같이 써 두는 것도 좋다. 예를 들어 회사 어플의 화면 구성을 수정하는 업무였다면 그 어플이 어떤 목적의 어플이고 어떤 일을 했는지 구체적으로 질문해야 한다. 고객들이 어플을 사용하기 편하게 바꾸는 거였고, 그러기 위해 새로운 콘셉트를 도출해서 수정하는 등 기획하는 일이 많았다면 그 업무는 '서비스 기획'의 측면이 될 수 있다. 이렇게 큰 범주를 같이 써 두어야 당신을 뽑을 회사도, 헤드헌터도 당신이 맡던 일을 더 쉽게 이해할 수 있다. 더불어 그 프로젝트 안에서 본인이 한 일도 명확하게 써야 한다. 참여한 부분이 아주 적었던 일을 너무 부풀려서 쓰면 면접을 거치며 들통이 나게 되어 있다. 업무의 카테고리는 '잡코리아' 등의 사이트에 들어가면 잘 분류되어 있으니 참고하자. 같은 마케팅이어도 광고 마케팅, CRM, 시장 조사, 상품 기획 등 분야가 다양하다.

분량은 10년 이내 경력이라면 3페이지 내외의 읽기 부담 없는 수준으로 작성하는 것이 좋겠지만 팀을 많이 옮겨 다닌 특수한 케이스의 경우 분량이 늘어나더라도 주요 업무를 써야 한다. 경력기술서도 양식이 다양한데, 대부분은 최근에 맡았던 일이 중요하다 보니 가장 최근에 소속했던 팀을 먼저 쓰는 경우가 많다. 업무 리스트를 쓸 때엔 절대적인 일의 양보다는 더 중요시하며 메인으로 한 일, 강조하려는 일을 위로 올려 두는 것이 좋다. 사람의 첫인상이 많은 것을 좌우하듯, 경력기술서도 처음 읽는 순간 어떤 일을 해 온 사람인지 파악할 수 있게끔 해야 한다.

기본 이력서에는 학력이 포함되어 있기 때문에 학력 콤플렉스로 자신감을 잃거나, 대학원을 생각하는 경우도 있다. 그런데 경력직 시장에서 학력은 중요한 영역이 아니다. 당장 이 일을 실행할 수 있는지가 중요하다. 몇몇 회사는 학력을 따지지만, MBA나 대학원을 우대하는 곳은 아주 소수에 불과하다. 실무 경력이 있다 보니 학과도 별로 영향을 미치지 않는다. 어떤 일을 했었는지, 어떤 부서에 있었는지가 훨씬 더 큰 영향을 미친다.

이처럼 경력기술서는 직장 생활에 대한 총 정리 보고서라고 말할 수 있다. 자신이 드러낼 수 있는 업무상 강점, 주된 업무 포트폴리오가 무엇이었는지 점검해 보면 앞으로 커리어를 어떻게 만들고 싶은지 점검을 하는 데도 도움이 된다. 그래서 꼭 이직을 계획하는 게 아니라 하더라도 한 번쯤은 커리어 점검을 위해 경력기술서를 써 보는 것도 좋다.

경력직인 경우 자기소개서를 요구하지 않는 경우가 많은데, 별도의 자기소개서를 요구한다면 신입 때와는 다르게 작성해야 한다. 가능한 한 업무와 관련해서, 혹은 회사 내에서 어떤 캐릭터였고 팀 내에서 어떤 역할을 했으며, 협업할 때 어떤 스타일이었는지를 경험담으로 포함하여 정리하는 것이 좋다. 특히 직장 선후배나 동료들이 말했던 칭찬을 언급하면 신뢰도를 더욱 높일 수 있다. 한국인은 워낙 칭찬에 인색하다 보니 칭찬을 들은 기억이 특별히 없을 수 있겠지만, 소소하게 들었던 말을 잘 회상해 보자. "미리미리 잘 준비해 둔다. 추진력이 있다. 네가 잘해 준 덕분에 성과가 잘 나왔다. 네가 보고서를 잘 써서 한 번에 통과됐다. 설명을 정말 쉽게 잘한다. 임원들이 네 보고를 받고 정말 좋아하셨다. 팀원들 사이에서 잘 어울린다." 등등 소소하게 들은 말을 모두 떠올려 보자. 과대 해석은 하면 안 되겠지만, 자신이 이런 사람이라고 직접 말하는 것보다 다른 이가 말해 줄 때 더 큰 설득력이 생긴다는 원리를 활용할 수도 있다.

프로이직러들의 남다른
직장 적응법

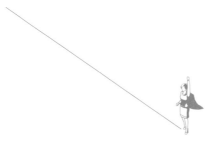

이직을 해 보지 않은 이들이 가장 두려워하는 것은 '새 회사에 잘 적응할 수 있을까'에 관한 의문이다. 신입 때는 다들 잘 모르는 시기였고, 실수를 해도 어리다는 이유로 무마된 부분이 있었다. 이제는 직장 생활도 어느 정도 해 봤고, 경력에 대한 기대치가 있다 보니 더 부담스러워진다. 특히 이직 후 텃세를 경험해 봤다는 이야기를 듣게 되면 위축되곤 한다. 지금 회사에서 하는 수준만큼 해낼 수 있을지, 새 회사에서 기대하고 있는 바를 해낼 수 있을지에 대한 압박감이 느껴지며, 적응이 부담스럽게 느껴진다.

그럴 때면 우선 현재 회사에 경력직으로 들어온 이들을 자세히 관찰해 보자. 그들이 정말 어마어마한 경력과 대단한 역량을 가지고 있었나? 물론 당신이 알지 못하는 용어, 새로운 방식을 말해서 놀라웠을 수 있다. 하지만 그건 결국 그 직원이 기존 회사에서 자주 쓰던 방식에 불과하다. 당신도 다른 회사에 가서 "기존 회사에서 이런 걸 했습니다." 하고 말하면 신기하게 생각할 수 있다. 그동안 별로 배운 게 없었던 것 같아도, 회사마다 업무 방식이 다르다 보니 이직을 해 보면 '아, 이전 회사에서 배웠던 이런 게 도움이 되는구나.'라고 깨닫는 순간이 오게 된다.

그리고 우리 회사 사람들이 경력직에 대해서 어느 정도로 텃세를 부렸는지 생각해 보자. 물론 일부 직원들은 '얼마나 잘하나 보자.'라는 자세로 경계를 낮추지 않았을 수 있지만, 결코 그런 직원들만 있는 건 아니다. 회사마다 분위기는 다르겠지만, 회사 내에 자신과 같은 편이라고 느껴지는 한 사람만 만들어도 버틸 수 있는 힘이 생긴다. 새로운 회사에서도 당신을 경계의 눈초리로 쳐다보는 이 말고, 당신에게 좀 더 열린 마음을 가진 이를 찾아 친해지자. 그 사람을 통해 새 회사에 대해서 조금씩 파악하고, 조심해야 할 부분을 배워 가면 된다.

학생 때는 사회생활에 대한 요령이 없었고 너무 어렸기 때문에, 전학을 갔을 때 친구들이 괴롭히면 거기에 휘말리고 괴로워했을 수 있다. 하지만 직장인의 이직은 다르다. 결국 성과를 내기 위해 가는 것이고, 팀의 일을 분담하기 위해 경력직을 뽑았을 것이다. 해당 부서에서도 인력 충원을 오랜 시간 기다려 왔을 것이다. 보통 기존 인력이 이동해 나가거나 업무가 늘어나며 채용 자리(T/O)가 생긴다. 그 뒤에 채용 공고를 내고 인터뷰를 거쳐 최종 입사를 끝내기까지는 수개월이 소요된다. 이 때문에 업무량이 많아 팀원이 빨리 채용되길 기다렸을 확률이 높다.

기존 직원들 중에 '어차피 상대 평가인데, 저 사람이 좋은 평가를 가져가면 어쩌지?'라는 마인드로 경계하는 이도 있을 수 있다. 하지만 팀원 전원이 그런 분위기이지는 않을 것이다. 한국 회사는 아직까지 직급이 존재하다 보니 더 낮은 직급이 예의상 더 높은 직급에게 친절하게 신경 써 주거나, 높은 직급이 자신의 라인을 만들고자 함께 일하는 낮은 직급을 챙겨 주는 경우도 흔하다. 단, 한국화가 덜 된 순수 외국계의 경우 개인주의적이고 신입 때부터 일을 알아서 하는 분위기여서 누군가에게 물어보고 도움을 구하기 어려운 경우가 많다. 하지만 반대로 생각해 보면 상대 평가보단 성과 위주로 평가를 받기 때문에 동료들 눈치를 보거나 정치를 해야 한다는 부담은 적다. 더불어 친구 사귀길 좋아하는 사람들이 우호적으로 대할 수도 있으니 지레 겁먹을 것은 없다. 경력직에 대한 환대는 조직 문화도 있지만 개인 성향도 크게 작용한다. 옮겨 간 곳에 어떤 동료들이 있을지는 아무도 모른다. 운에 맡겨야 할 뿐이다.

새 조직에 잘 적응하는 방법의 핵심은 사람이다. 자신과 가까운 사람을 만드는 일이 가장 중요하다. 먼저 사람들에게 다가가고, 먼저 도움을 주었을 때 비로소 돌려받는 게 생긴다. 물론 이 과정에서도 자신과 친해질 마음이 없는 이에게 들이대지 않도록 적절히 눈치를 보며 줄타기를 하는 것이 필요하다. 조금 먼저 다가가고, 조금 더 먼저 도움을 주자고 생각하면 된다. 가까운 사람이 생겨야 부담 없이 이 회사의 주요 이슈가 뭐였는지, 과거 이 팀에 어떤 시행착오가 있었는지를 들을 수 있고, 그런 인터뷰를 통해 큰 실수를 하지 않게끔 예방할 수 있다.

내가 무슨 도움을 줄 수 있을까 너무 걱정하지 말자. 합격한 것만 해도 그 조직에 필요한 자질 무언가는 가지고 있다는 증거다. 업무 외적으로도 분명 다른 팀원들은 모르는데 자신만 아는 것이 있을 것이다. 새로 들어간 이후에는 겸손한 태도도 중요하지만, 그에 못지 않게 자신감도 중요하다. 자신을 사랑하는 일, 상투적으로 들리겠지만 평소 틈틈이 연습해 두어야 한다. 내가 나를 먼저 사랑해 주지 않으면 다른 이들도 나를 사랑해 주지 않는다. 자기애가 너무 지나치게 강한 것도 좋지 않지만, 자신감이 없는 이는 휘둘리고 이용당하기만 할 수 있다는 사실을 명심하자.

나 역시 처음 이직을 했을 때는 두려움이 컸다. 그들이 기대하는 바와 달라 '이것밖에 못 해?'라는 소리를 들을까 두려웠다. 기존 회사에서 나름대로 열심히 해 왔지만 그건 기존 회사의 틀 안에서나 통하는 게 아닐까, 이게 과연 쓸모가 있을까 싶었다. 결과적으로 직접 부딪쳐 보니 이 회사에서도 기존 업무 스타일이 유용하게 쓰일 수 있었다. 물론 해당 팀 업무에 대한 깊이는 없다 보니 후배들에게 업무 처리 방식을 묻기도 하고, 더 많은 고민을 해야 했다. 이직 후의 적응은 팀 분위기, 리더 성향에 따라서 달라지다 보니 걱정만 하기보다는 직접 부딪치는 수밖에 없다는 생각이 든다. 회사 내의 다양한 경험담을 들려주는 사람을 통해 실수를 최소화하며 적응해 가자.

누구든 책을 낼 수 있다

태어나서 한 번쯤 자신의 이름으로 책을 내 보고 싶다는 생각을 하는 사람들이 많다. 그런데 사실 책 출간은 예전보다 매우 쉬워져서 출간 의지와 돈만 있으면 도전할 수 있는 분야가 됐다. 출판에는 기획 출판과 자비 출판이 있는데, 기획 출판은 출판사에서 기획하는 도서로 출간에 드는 비용을 출판사가 100% 분담하는 것이다. 기획 출판을 하려면 온오프라인에서 인지도가 있거나 책이 좀 팔리는 작가여야 가능하다. 나는 두 권의 책 모두 기획 출판을 했는데, 각각 블로그와 유튜브가 잘 된 덕분이었다. 이처럼 초보 작가여도 온라인 인지도를 쌓아서 기획 출판에 도전해 보는 것도 방법이다. 요즘에는 '브런치'라는 사이트를 통해 출간 준비를 하는 분들이 많은데, 꼭 브런치를 통해서만 가능한 건 아니니 본인의 스타일에 맞는 매체를 이용하면 된다. 어떤 매체가 됐건 핵심은 책을 사 줄 만한 고객층을 확보하는 것이다. 책을 파는 일의 난이도보다 온라인에서 조회 수를 얻는 난이도가 훨씬 쉽다. 그러니 우선 온라인으로 자신이 가진 콘텐츠에 대한 반응을 테스트해 가자.

두 번째 자비 출판의 경우 자비, 말 그대로 본인이 비용을 100% 대서 하는 출간이다. 인지도가 전혀 없어도 상관없다. 출판사마다 비용이 다르고 몇 권을 만드느냐에 따라 다른데, 최근에는 300만 원 내외로 든다. 큰돈이긴 하지만 내 이름으로 책을 내는 게 꿈인 사람에게는 해볼 만한 금액이다. 예전에는 3천만 원 이상을 들여 자비 출판을 했다고 하니 대중화가 얼마나 많이 이루어졌는지 알 수 있다. 실제로 책 판매량은 점점 감소하고 있으나 출판하는 책의 양은 점점 늘어나고 있다. 다만 자비 출판은 인터넷 서점에 판매가 올라가는 조건도 있고 정말 개인 소장 용도인 조건도 있기 때문에 조건을 꼼꼼하게 따진 뒤에 계약하길 바란다.

기획 출판의 경우 출판사에서 먼저 연락이 오는 경우가 많다. 자비 출판의 경우 검색창에 '자비 출판'이라고 검색하면 출판사 리스트가 뜬다. 해당 사이트에 들어가서 자비 출판 조건을 확인하며 본인이 원하는 바에 가장 적합한 곳을 찾아야 한다. 나는 한 출판사에서 출간 제안을 받은 뒤 조건과 출판사가 괜찮은 건지 궁금해서 자비 출판 사이트 스무 군데 이상에 책 소개 자료를 보내 봤다. 출판사마다 반응이 완전히 달랐는데, '우리 출판사에서 출간하기는 어려워 보인다, 자비 얼마를 들이면 출간해 주겠다, 돈 들이지 않고 기획 출간으로 해 주겠다.' 등이었다. 이 모든 피드백을 하나의 제안서를 낸 후 받았다. 그러니 한두 군데에 연락해 보고 안 된다고 좌절하지 말고, 많은 출판사에 제안서를 넣어 보길 바란다.

제안서라고 해서 너무 겁먹지는 말자. 나는 온라인 인지도가 있음을 어필하며 책의 주제, 구성, 샘플을 보냈다. 출간을 위한 제안서 작성 방법은 인터넷에 많이 나와 있다. 일단은 형식을 생각하기 전에 어떤 종류, 어떤 분야, 어떤 콘셉트의 책을 쓰고 싶은지 충분히 고민하는 시간을 가진 뒤 제안서를 쓰길 바란다. 책은 마음먹고 시간만 들이면 누구든 쓸 수 있다. 물론 책 집필 과정은 손이 많이 가지만, 누구든 저자가 될 수 있는 시대다. 팔리는 책을 만드는 건 별개의 이야기이지만 말이다. 여행 후기를 쓸지, 지나온 인생의 고난을 쓸지, 연애 스토리를 쓸지, 어떤 주제든 괜찮으니 직접 책을 쓴다고 생각하고 콘셉트와 목차부터 구성해 보자. 물론 글을 매끄럽게 쓸 줄 알면 더 좋겠지만 출판사에서 많이 도와줄 것이므로 미리 겁부터 먹지 않아도 좋다. 전문가의 손을 거쳐 탄생할 테니 너무 걱정하지 말자.

다만 책으로 돈을 벌겠다는 꿈은 갖지 않는 것이 좋다. 한국은 책 판매량이 매우 적은 편이고, 그중에서도 팔리는 책만 팔린다. 초보 저자의 경우 인세를 5~8% 정도 받을 수 있다. 책값이 13,000원이고 인세 7%로 계약했다면 한 권 당 버는 돈은 910원에 불과하다. 1,000권을 팔기도 힘든데, 팔더라도 겨우 91만 원을 손에 쥐게 된다. 여기에 세금도 내야 한다. 베스트셀러가 되어 인세를 높일 수 있다면 더 많은 돈을 벌 수도 있겠지만, 그건 정말 흔치 않은 케이스다. 책을 출간할 땐 돈보다는 나의 브랜드를 만든다, 인지도를 쌓아 강의를 나간다, 나의 이야기를 기록으로 남긴다, 내 삶에서 하고 싶었던 버킷리스트를 실현한다는 측면으로 접근하길 바란다.

한편 책은 출판사를 통해서 출간해야 하지만, 전자책은 직접 제작해서 쉽게 만들 수 있다. 여기에서 전자책이란 온라인 서점에서 판매하는 'E-book'을 의미하지 않는다. 크몽 등 재능 마켓에 전자책을 만들어서 판매하는 방법을 말한다. 외국 유튜버들도 본인의 블로그를 통해 전자책을 판매해서 수입을 올리기도 한다. 출판사를 통하지 않기 때문에 수익 중 80~90%를 직접 가져간다는 장점도 있다.

제작은 워드나 한글 파일, PPT로 만들어서 PDF 파일 형식으로 저장만 하면 되기 때문에 특별한 스킬이 없어도 할 수 있다. 아직 E-book처럼 캡처 방지 기능도 없고, 파일이 어둠의 경로에서 알음알음 유통될 수 있다는 단점이 있지만 그럼에도 불구하고 잘되는 전자책은 잘 팔린다.

단, 활발한 구매가 되려면 자신만의 특출 난 비법이 있어야 한다. 인터넷에 검색으로 쉽게 나오는 내용이 아니라 돈을 내고 볼 만한 내용이어야 하기 때문이다. 온라인에서 아무런 활동도 하지 않던 이가 크몽에 전자책을 올린다고 해서 매출이 잘 나오길 기대하기는 어렵다. 해당 재능 마켓 내에서도 수많은 경쟁자들이 있다. 그 사이에서 판매가 되려면 어마어마한 경쟁력을 갖추고 있어야 한다. 전자책에 대한 소개 글, 이미지 등이 충분히 매력적이어야 한다. 다른 콘텐츠와 경쟁을 하며 해당 어플 페이지 내에서만 판매를 유도하기에는 부족할 수 있다. 그렇기 때문에 우선은 블로그나 유튜브 등 개인 SNS를 통해 입지를 다진 뒤, 이건 정말 무료로 공개하기엔 너무 자세하고 돈을 받을 가치가 있는 콘텐츠라는 생각이 든다면 전자책을 시도

해 보길 바란다. 그래야 기존 구독자들을 통해 유료 구매까지 이어질 확률이 생긴다. 다만 그만큼의 지불 가치가 뒷받침되어야 컴플레인, 문제 소지를 줄일 수 있다. 자신만의 내실을 다지면 이런 매출을 낼 수도 있고, 자체 제작 전자책이 잘되면 실제 출간을 할 가능성도 생길 것이다.

Chapter 7

Explore

분석을 발전으로
연결시키는 비법

길을 잃은 너에게

100세 인생 시대라는데 정년퇴직은커녕
이 회사에서 언제까지 버틸 수 있을지도 모르겠다.

이렇게 불안하고 막막한데
사업을 할 자신도, 프리랜서로 뛸 재주도 없다 보니
할 줄 아는 유일한 돈벌이, 회사원을 하고 있을 뿐이다.

"돈 많은 백수가 꿈이에요."
"건물주가 꿈이에요."
"돈보단 의미 있는 일을 하고 싶어요."

그 꿈은 누가 이뤄 주는 건지, 의미 있는 일이란 뭔지
금수저가 아니라서 희망이 없다는
자조적인 농담이나 하며 체념하게 된다.

퇴근 후엔 다른 걸 할 힘이 전혀 남아 있질 않은데,
주말에도 이미 할 일이 많은데,
뭘 언제 어떻게 준비해야 할지 모르겠다.

회사원으로만 평생 살 순 없을 것 같으면서도
월급의 노예여서 벗어날 용기가 나지 않는다.
회사에 젊음을 바쳤는데 이렇게 날 내팽개칠 수 있냐며
억울해하는 선배의 이야기를 들으면
나도 저렇게 될까 싶으면서도
구질구질하게 매달리고 싶지 않다.

하란 대로 공부했고 하란 대로 취직했는데
그다음은 어떻게 해야 하는 걸까.
누가 좀 알려 줬으면 좋겠다.

스스로를 찾는 시간이 필요해

그런 고민이 든다니, 때가 왔구나.

이제는 시키는 대로 하던 수동적인 태도를 벗고

네가 원하는 걸 찾아 적극적으로 행동에 옮길 시간이야.

회사가 널 이용한다고 생각할 것 없어.

회사는 네가 뭘 잘하고 못하는지,

어떤 사람들과 함께 있을 때 좋고 싫은지를 알 수 있는

자기 발견의 수단이자 월급을 주는 곳이라고 생각하자.

어떤 자세로 삶을 대하느냐에 따라 인생이 달라질 거야.

인생은 '자신을 발견하고, 발전하는 과정'이라고 생각하자.

자신을 어떻게 발견하고, 발전할 수 있는지 알려 줄게.

일에서 보람과 성취감을 느끼고, 누군가를 돕고 싶다는 마음.

가슴 한편에 있는 그 뜨거움을 실천에 옮겨 보자.

일단 너 자신을 알아야해.

그러기 위해 직접 부딪치며 겪어야 해.

대책 없이 당장 퇴사부터 하면 안 돼.

회사에 다니면서도 하나씩 배우고 도전하며 준비할 수 있어.

완벽하게 하려다가 시작도 못하느니,

부족하더라도 우선 시작하고 개선해 나가는 편이 나아.

자신이 없다고 계속 미루다간 자신을 잃게 될 수 있어.

돈 많은 백수가 꿈이라면,

돈을 몇 살까지 얼마나 모아야 할지 구체화해 봐.

건물주가 꿈이라면,

작은 돈으로 시작할 수 있는 부동산부터 공부해 봐.

의미 있는 일을 찾는다면,

네가 의미를 느끼는 분야와 해낼 수 있는 일을 찾아 봐.

하나씩 도전하며 스스로를 찾아가고 자신감도 키우는 거야.

너라는 책의 두 번째 챕터를 함께 준비해 보자.

일에서 의미를 찾는
21가지 유형

의미 있는 일이란 어떤 직업을 말하는 걸까?

사실 이 물음은 질문부터 잘못됐다. 직업의 종류에 따라 의미가 있고 없고, 재미가 있고 없고 기준이 정해지는 경우는 극히 드물다. 의미는 자신이 부여하느냐, 하지 않느냐에 따라 달라지는 것뿐이다. 같은 일도 개인의 성향에 따라 의미가 있는 일이 되기도 하고, 아니게 되기도 한다. 더불어 어떤 리더를 만나 어떤 피드백을 받느냐에 따라서도 있던 의미가 사라지기도 하고, 없던 의미가 생기기도 한다.

자신이 원하는 방향으로 삶을 주체적으로 이끌어 간다면 오늘 겪은 일에 스스로 의미를 부여할 수 있지 않을까. '나는 오늘 이걸 배웠구나, 나는 오늘 이걸 좋아했구나, 내가 사랑하는 사람과 웃으며 보낸 것 자체가 큰 의미구나.'처럼 말이다. 의미는 그 누구도 대신 부여해 줄 수 없다. 어떤 종류의 트로피를 받든, 결국 그 의미는 본인이 부여하기에 따라 달라진다.

나에게 있어 학생 시기는 잿빛에 가까운 정도로 우울한 시기였다.

당시의 내겐 'Struggle(고군분투하다)'이라는 단어가 어울렸고, 공부도 구질구질한 현재를 벗어나기 위한 도구일 뿐 어떤 의미도 찾기 힘들었다. 다만 하고 싶은 일을 찾으려 계속 노력했고, 그렇게 얻은 실마리를 통해 방향을 찾아 취업했다. 그 뒤 월급을 받으며 조금씩 경제적인 여유를 쌓고 지평을 넓히다 보니 그제야 어떤 의미인지 보이기 시작했다.

당시에는 의미를 몰랐지만, 지나고 나서야 의미를 깨닫게 되는 일들도 많다. 그러니 지금 당장 의미가 없다며 쉽게 퇴사하거나 방향을 틀어 버리지는 말자. 현재의 행복도 중요하지만, 삶이 행복하기 위해서 거쳐야 하는 암흑기도 있기 마련이다. 지금의 일에 큰 의미를 부여하기보단 자신이 추구하는 삶의 의미와 그 의미에 가까이 다가가기 위한 방법이 더 중요하다.

김연아 선수가 훈련 준비를 할 때, 한 기자가 "무슨 생각을 하며 준비하세요?"라고 물었던 적이 있다. 그때 김연아 선수는 "생각은 무슨 생각을 해요, 그냥 하는 거지. 오늘이 무슨 요일인지도 몰라요."라고 답했고, 그 대답은 온라인에서 큰 화제가 되었다. 때론 이렇게 특별한 생각이나 의미를 부여하기보단 '그냥' 해야 할 필요도 있다. 다만 시간이 지나고 봤을 때 그것이 정말 의미 없는 일이 되진 않게끔, 인생을 바라보는 관점에서 추구하는 의미를 찾아가자.

과거의 나는 무언가 의미 있는 일을 하고 싶어 하면서도 그게 뭔지는 모르겠다고 생각했다. 요즘 젊은이들도 많이 공감하리라. 본인에게 마땅한 의미를 찾기 위해서는 반드시 지평을 넓히며 탐색을 하는 기간이 필요하다. 회사에서 일을 하든, 프리랜서 일을 하든, 여행을 다니든, 사업을 해 보든, 책을 읽든, 많은 사람들을 만나든 탐색의 방식은 다양하다. 여러 형태의 자극을 받고, 부딪치다 보면 어떤 의미를 중요시하는 사람인지 감이 온다.

일이나 직장에서 의미를 부여하는 유형을 나눠 보자면 아래와 같다. 겹치는 부분이 있지만 최대한 세분화한 21가지 유형이다. 본인이 중요하다고 느끼는 모든 항목을 찾아보자.

1) 돈을 버는 일 자체에서 의미를 느끼는 유형
2) 자신의 몸값(연봉, 시급)이 높아지는 데서 의미를 느끼는 유형
3) 순자산(총 자산-부채)이 많아지는 데서 의미를 느끼는 유형

4) 스스로 성장한다고 느끼는 데서 의미를 느끼는 유형
5) 큰 성과를 만드는 데서 의미를 느끼는 유형
6) 나의 자체적인 비즈니스를 키우는 것에서 의미를 느끼는 유형
7) 내가 속한 회사가 성장해 가는 것에서 의미를 느끼는 유형

8) 내가 중요한 역할을 한다고 느끼는 데서 의미를 느끼는 유형
9) 회사, 조직, 일에 변화를 만들 때 의미를 느끼는 유형
10) 남들보다 빠르게 앞서나가는 것에서 의미를 느끼는 유형

11) 타인을 직접적으로 도와주는 일에서 의미를 느끼는 유형

12) 다른 사람들의 문제를 해결해 주며 의미를 느끼는 유형

13) 사람들에게 영향력을 미치는 데서 의미를 느끼는 유형

14) 타인에게 간접적인 도움이 되었을 때 의미를 느끼는 유형

15) 워라밸을 맞춰 삶을 확보하는 것에서 의미를 느끼는 유형

16) 일보단 가정생활, 신앙생활 등에서 의미를 느끼는 유형

17) 착실하게 하루하루 일했다는 것에 의미를 느끼는 유형

18) 재밌거나 흥미로운 것에서 의미를 느끼는 유형

19) 하나라도 배웠다는 만족에서 의미를 느끼는 유형

20) 사람들과 함께한다는 것에서 의미를 느끼는 유형

21) 일의 의미 자체에 관심 없는 유형

앞선 여러 개의 항목 중 굳이 꼽자면 자신에게 가장 중요한 것이 무엇인지도 골라 보자. 다만 의미 있는 일을 찾으려 모든 걸 다 버리고 떠나진 말고, 생계를 유지할 수 있는 수준 안에서 진행하자. 물론 퇴사 후 여행을 다녀와도 다시 재취업할 수 있는 커리어와 자신감이 있다면 괜찮다. 다만 어설프게 갭이어(Gap Year)를 가진다고 했다가 재취업이 어려워져서 더 힘든 시기를 겪는 이들도 있기 때문에, 현재

가진 것을 너무 쉽게 놓아 버리는 것은 추천하지 않는다.

"의미랄 게 뭐 있어, 그냥 사는 거야."라고 말하는 선배들을 보고 이 회사는 비전이 없다고 생각하지 말자. 의미는 본인이 만들어 나가는 것이다. 선배들 역시 자세히 말하기 싫어 대답을 회피한 것일지도 모른다. 그들도 나름의 고민을 가지고 있으리라. 가정을 꾸리고 아이를 낳고 키우는 것에 가장 큰 의미를 두어서 그런 방식의 삶을 살고 있는 것일 수도 있고, 정말 의미를 찾지 못해 헤매고 있지만 딱히 설명하고 싶지 않아 넘긴 걸 수도 있다.

본인은 어떤 방식의 삶을 살고 싶은지 치열하게 고민하고 시도해 보자. 삶을 어떻게 채울지는 본인이 택하는 것이고, 어떤 형태로든 노동을 해 먹고살 밥값을 벌어야 한다. 그러니 이왕이면 자아실현을 할 수 있는 방향을 찾아보자. 오늘 하루가 힘들어도, 결국 자신이 가고자 하는 방향과 일치한다면 버티는 힘이 생긴다.

더불어 현재 하는 일은 퇴사 후를 준비하는 과정이라는 점을 잊지 말자. 이 회사에 다닌다고 뭐가 준비가 될까 너무 걱정하지 말고 다양한 기회를 모색해 보자. '이런 회사에 다닌다고 무슨 사업의 기회가 보이겠어.'라고 생각하는 사람들이 많은데, 똑같이 한 회사에 다녀도 본인의 관심사에 따라 보이는 기회는 달라진다. 회사 내에서도 재테크 정보를 나누는 이들이 있고, 사업 정보를 나누는 이들도 있고, 회사 업무로부터 연장선의 대행사나 전문 업체를 직접 차리는 경우도 있다. 어떤 게 자신에게 맞고 돈이 될지는 직접 겪어 보고 직접 알아보면서 준비해 가면 된다.

잊지 말자, 회사는 '퇴사 준비 학교'다. 현재에 충실하는 것도 중요하지만 그 현재가 반복되는 것으로 만족해선 안 된다. 현재의 일이 어떤 역할을 하는지 다방면으로 정보를 모으고 테스트 해 보자.

어떤 일을 좋아하는가, '셀프 더 레코드'

'그래야 했기 때문에' 학교에 다녔고, 점수에 맞춰 대학에 갔고, 취업 준비를 했고, 날 뽑아 준 회사에 취업했다. 이렇게 등 떠밀려 살다 보니 정작 자신이 좋아하는 일이 뭔지조차 모른다. 뭘 좋아하냐고 물으면 '음악 감상, 영화 관람'처럼 누구나 가지고 있을 법한 취미를 말하는 게 전부다. 지금 이 이야기에 공감이 간다면, 자신이 정말 좋아하는 게 무엇인지 집중적으로 탐구해 보자.

우선 '나'에 대한 레포트를 쓴다고 가정해 보자. 제3자의 관점에서 분석 대상으로 자신을 만나 파악한다고 생각하면 된다. 의도적으로 자신을 알아가는 작업을 해야 한다.

1) 좋아하는 활동 리스트를 가능한 한 많이 작성한다.

예를 들어 여행, 쇼핑, SNS 관리, 대화, 영화 감상, 유튜브 보기, 독서, 영상 제작, 사진 찍기, 걷기, 수영, 자전거 타기, 축구, 맛있는 음식 먹기, 맥주 마시기, 손님 초대하기, 청소, 목욕, 요리, 그림 그리기, 미술관 가기, 벚꽃놀이, 단풍놀이 등 '좋다'는 느낌을 받았던 일을 모두 다 나열해 보는 것이다. 일과 관련이 없어도 괜찮다. 한 번에 다 떠올리는 것은 한계가 있으니 일주일 정도의 시간을 두고 휴대폰 메모장에 '이거 좋다'는 생각이 들 때마다 기록을 해 두자.

2) 그 일 중 구체적으로 어떤 과정이 좋았는지 분리한다.

중복되는 부분이 없도록 분리하는 것보다는 최대한 구체화하는 데 초점을 맞추자. 비슷해 보여도 각각 파생되는 내용이 다를 수 있기 때문이다. 예를 들어 '여행'의 좋은 순간을 세분화해 보면 아래와 같다.

1) 여행지를 탐색하는 것

2) 티켓을 최저가로 구한 것

3) 여행 계획을 구체적으로 짠 것

4) 출발할 때의 설렘

5) 여행지에 가까워질 때 그 지역의 실루엣을 보는 것

6) 맛집에서 새로운 음식을 먹는 것

7) 유명한 장소를 구경하는 것

8) 새로운 사람을 만나 친구를 사귀는 것

9) 대표적인 핫스팟에서 인증샷을 남기는 것

10) 인증샷을 SNS에 올리는 것

11) 현지인을 관찰하는 것

12) 사전 조사 내용과 실제 경험을 비교하는 것

13) 대자연을 즐기는 것

14) 건축물을 감상하는 것

15) 예쁜 경치를 구경하는 것

16) 현지인에게 유명한 맛집을 찾아다니는 것

17) 바닷가에서 튜브를 타고 둥둥 떠다닌 것

18) 뽀송한 호텔 침대에서 쉬는 것

19) 여행 리뷰를 인터넷에 올리는 것

20) 일상에서 벗어났다는 느낌을 받는 것

또는 옷 쇼핑이 좋다면 아래와 같이 쪼개어 볼 수 있다.

1) 최저가 득템

2) 신상품 구경

3) 트렌드를 직접 파악하는 것

4) 나에게 맞는 걸 발견하는 것

5) 잘 맞는 옷을 입은 순간

6) 결제하는 순간, 마음에 드는 걸 얻었다는 점

7) 옷장에 내 물건들을 진열해 두는 것

8) 새로 산 옷을 입고 외출하기 전, 거울을 볼 때

9) 옷을 입고 나가니 주위 사람이 옷이 예쁘다고 칭찬해 줄 때

10) 예쁘게 코디해서 온라인에 자랑하는 것

이렇게 구체적으로 언제, 어떤 점이 좋았는지를 골똘히 고민하며 가능한 한 여러 종류를 적어 보자.

3) 그 행동이 왜 좋았는지 세세하게 분석한다.

같은 것을 좋아해도 이유는 천차만별이다. 여행으로 예를 들면, 유명한 지역을 돌아다니고 체험하는 것을 좋아하는 사람이 있다. 그 이유를 찾아 질문의 꼬리를 물고 파헤쳐 들어가니 '내가 가 보지 않은 곳, 그중에서도 어느 정도 검증이 되어 있는 곳이 좋아서' 여행을 즐기는 케이스였다. 한 번도 가 보지 않은 곳에 가고 싶다는 탐구심은 있었지만, 직접 개척하기보다는 좀 더 안정적으로 남들이 괜찮다고 하는 곳에 가길 좋아하는 성향이었다.

그는 여행이 아닌 업무에서도 어느 정도의 안정성을 지키며 새롭게 도전하는 것에 흥미를 가지고 있는 사람이었다. 이미 아는 일을 반복해서 하기보다는 끊임없이 새로운 목표를 세우고 하나씩 발전해 가는 느낌을 좋아한다. 다만 남들이 많이 가지 않는 길, 예를 들어 스타트업을 차리거나 프리랜서로 뛰는 것보다는 어느 정도 안정적인 울타리가 있는 회사 안에서 새로운 일을 추구하는 유형이었다. 이처럼 자신의 성향을 제대로 파악해서, 본인의 근본적인 욕구를 충족시킬 수 있는 활동을 해 줘야 삶의 만족도가 올라간다.

또 다른 예로 여행지에서 새로운 사람을 사귀는 것을 좋아하는 유형이 있다. 그와 대화를 하다 보니 사람들을 좋아해서 함께 대화할 때 행복감을 느끼는 사람이라는 걸 알게 되었다. 특히 여행지에서 만나는 사람들은 마음이 열려 있기에 쉽게 친해질 수 있었고, 다양한 문화의 이야기를 들을 수도 있었다. 그는 그런 이유로 여행을 떠나 사람을 사귀는 것을 좋아하는 이였다. 이런 경우 사람들과 어울리고, 사람들 사이에서 존재감을 느낄 수 있는 일을 하는 것이 업무적 만족도가 올라갈 것이다.

4) 3번에서 도출한 '그 활동을 좋아하는 이유'와 비슷한 일의 분야를 찾는다.

분석하는 것이 좋다면 리서치 직무나 데이터 분석 직무를 찾을 수 있고, 사람이 좋다면 서비스직이나 교육 업무를 찾을 수 있을 것이다. 혼자 일하는 게 중요한 사람이라면 자택 근무나 독립적으로 프리랜서로 일할 수 있는 번역, 작문, 디자인, 편집 등의 일자리가 맞을 것이며 아이디어를 반영해서 변화를 주는 게 좋다면 광고, 마케팅, 디자인, 유튜브 등이 있고, 집요하게 파악하고 파헤치는 것을 좋아한다면 기자, 연구, 칼럼니스트 등이 맞을 수 있다. 앞에서 사례로 든 유명 여행지를 찾아다니길 좋아하던 친구의 경우 회사 내에서 3년에 한 번씩 하고 싶은 업무를 찾아 팀을 옮겨 다니며 업무 갈증을 해소하고 있다.

5) 4번에서 도출한 후보 중 '할 수 있는 직업'을 찾는다.

현실적으로 자신의 상황에서 더 공부하거나 노력하면 가질 수 있는 직업을 찾아야 한다. 직업 연결 고리의 예를 들자면, 여행을 좋아하는 A는 사전 여행 정보를 탐색하고 분석해서 가장 적합한 계획을 세우고, 가격 비교를 통해 저렴한 티켓을 구하는 것이 가장 즐겁다고 적었다. 그리고 여러 품목을 비교하며 그중에 가장 적합한 아이템을 찾아내는 쇼핑도 좋아했다. 이것들을 들여다보니 '조사, 분석'이라는 공통점을 찾을 수 있었고, 경영학과라는 전공을 살리며 조사 분석을 할 수 있는 작은 리서치 전문 업체에 취직을 했다. 그곳에서 조사 분석 기술을 익히고 역량을 쌓아 대기업 조사 직무로 이직을 했다. A는 이 작업을 하기 전, 조사 업체 쪽에 취직할 생각은 해 보지 않았다. 관심사만 고려했을 때는 여행사나 패션 쪽에 눈이 가긴 했지만 여행업은 연봉이 낮고 사람을 상대할 일이 많아서 꺼려졌으며, 패션계는 너무 빠르게 바뀌는 트렌드를 따라가기 힘들 것 같았다. 그래서 이 '흥미'들을 '취업'으로 연결하기는 부족하다고 느꼈다. 조사 분석이라는 방향성을 찾은 뒤에는 분석 툴을 익히는 것에 흥미를 가졌고, 의미를 가지고 일하다 보니 힘든 일도 잘 이겨 낼 수 있게 되었다.

B의 경우는 독서와 음악 감상을 좋아한다. 구체적으로 그것을 왜 좋아하는지 분석한 결과 사람들을 만나면 에너지를 뺏기고 스트레스를 받는 반면, 독서와 음악 감상을 하면 혼자만의 시간에서 에너지를 얻으며 더 편하게 보낼 수 있기 때문이라는 결론이 나왔다. 생각해 보니 기존 회사에서 스트레스를 받은 이유도 결국 사람 때문이었다. 그래서 주로 혼자 시간을 보내며 사람에 대한 스트레스를 적게 받는 일을 찾아 번역으로 진로를 결정하게 됐다. 원래 번역을 전문적으로 할 만한 수준은 아니었지만, 방향을 잡은 뒤에 공부해서 그쪽으로 직

업을 가질 수 있게 되었다. 사무직에 비해 혼자 있는 시간이 더 많아 업무 만족도도 더 올라갔다고 한다.

C의 경우 친구들과 어울려 대화하고 노는 것을 좋아한다. 혼자 있는 것보단 영화 감상이든 여행이든 누군가와 같이 하는 게 좋다. 구체적인 상황을 떠올려도 사람들과 소속감을 느끼는 순간, 대화를 많이 나누는 순간을 좋아하고 있었다. 이런 성향을 살릴 수 있는 직업을 찾다 보니 사람 대 사람으로 만나 가르치는 일, 강사를 하게 되었다. C는 직장인이었을 때보다 훨씬 더 즐겁게 일을 하고 있으며 누군가를 도와줄 수 있다는 점에서 보람도 느끼고 있다.

다만 좋아하는 일을 직업으로 연결하기 힘든 경우도 있다. 그렇다면 생계를 위한 직업은 유지하되, 좋아하는 일을 계속하며 행복감을 추구하는 과정이 필요하다. 예를 들어 물속에 있는 것을 좋아한다고 해서 지금 당장 해녀나 잠수사, 다이빙 강사를 준비하기란 쉽지 않다. 하지만 적어도 이런 발견을 했으니 취미로서 주기적으로 물에 들어가는 활동을 할 순 있다. 몸과 마음이 행복해질 수 있게 도와줄 수 있는 것이다. 이런 취미를 유지하기 위해 충분한 경제적 여유를 누릴 수 있도록 관리하는 것도 필요하다.

하지만 좋아하는 일을 찾은 걸로 끝이 아니다. 그 일의 실제 업무 환경은 어떤지 현업 사람들이 말하는 장단점을 파악해야 한다. 일례로 회계는 꼼꼼하고 숫자 감각이 있는 사람에게 좋고, 전문성이 있는 업무지만 마감이 정해져 있다 보니 야근도 많다. 특히 정해진 가이드

안에서 똑같은 업무를 매달 반복해야 하기 때문에 반복 업무가 안 맞는 이에게는 고통이다.

광고대행사는 창의적인 이에게 적합하다. 하지만 광고 아이템을 스스로 고르는 게 아니라 광고주로부터 업무를 받는 갑을 관계 안에서 일을 한다. 따라서 광고주가 구체적으로 정한 요구에 맞춰 아이디어를 내야 하고, 일이 많아 야근도 많다. 창의적인 업무지만 완전히 자유로운 영혼에게는 안 맞고, 갑을 관계를 버티지 못하는 사람에겐 맞지 않다.

홍보 팀은 보통 활달하고 외향적인 사람에게 어울릴 것이라고 생각한다. 그런데 언론 홍보 직무라면 단순히 외향성의 문제에 그치지 않는다. 회사에 대한 홍보 기사거리를 만들어 신문사와 언론에 배포하는 업무가 주가 되다 보니, 기자들과의 관계를 돈독히 하는 것이 매우 중요하다. 요즘엔 많이 줄었지만 술자리 접대가 많고, 다양한 유형의 기자를 상대해야 한다. 그러므로 언론사 관계 관리를 응대하는 역할을 버틸 수 있을지 고민이 필요하다.

마케팅은 창의적인 사람에게 어울릴 거라 생각할 수 있지만, 회사의 요구와 시장 파악도 중요하기에 기본적인 분석력이 있어야 한다. 또한 유관 부서가 많다 보니 협업 능력도 중요하다. 영업에 비할 바는 아니지만 성과에 대한 압박도 어느 정도 있는 편이다. 더불어 영업이 중요하지 마케팅은 부수적이라는 인식이 있는 회사도 있다.

각 업계의 단점을 충분히 받아들일 수 있는지 미리 고민해 볼 필요가 있다. 관심 있는 직무의 근무 상황, 현실을 알고 자신의 성향에 맞는 곳인지 생각해 보자. 좋아하는 점과 힘든 점을 비교해서 버틸 만할지 알고 시작해야 한다.

실제로 해당 업계, 직무에 애정이 있으면 더 오랫동안 일할 수 있다. 세상 모든 직업을 좋은 직업순으로 1위부터 꼴찌까지 서열화하는 것은 불가능하다. 객관적인 지표가 아닌 자신의 성향, 가치관, 자질과 잘 맞느냐 맞지 않느냐가 더 중요하다. 그러기 위해서는 적을 알고 나를 아는 작업이 필요한 것이다.

관심 분야나 직무에 대해 파악하는 방법으로는 실무자와의 대화, 인턴, 공모전, 아르바이트, 현직자 인터뷰나 자서전 읽기 등이 있다. 요즘에는 일반 직장인에 대한 인터뷰 기사나 영상도 많아 본인이 적극적으로 찾아볼수록 정보력이 높아진다. 대기업의 경우 공식 홈페이지 '사회 공헌' 등의 페이지에 실무자 인터뷰가 있는 경우도 많으니 잘 찾아보기를 바란다. 최근에는 회사명과 직무를 공개한 후 무료로 취업 노하우를 올리고 질문에 응답을 해 주는 사이트도 많으니 적극 활용해 보자.

취업 노하우 공유/멘토링 사이트
소셜멘토링, 잇다 https://www.itdaa.net/
보통사람들의 경험, 리드미 https://www.leadme.today

좋아하는 일에 대해 말하다 보면 직장인이 회사에서 '좋아서 하는 일'이 뭐가 있겠냐고 대답하는 이들이 많다. 물론 회사 일은 좋아서 하는 일인 경우가 드물다. 다만 적어도 어떤 일을 하고 싶다거나 어떤 커리어를 갖고 싶어 하는 것, 취미 생활을 하기 위해 돈을 모으겠다는 것 등의 동기는 필요하다. 결국 좋아하는 것이 무엇인지 파악하는 것이 모든 일의 첫 번째 단계이다. 특별히 좋은 감정을 느끼지 못하더라도 일에 있어서 '이거 좀 할 만한데? 이런 식으로도 해 볼까? 나름 재미가 있네.'라고 느꼈다면 그것 역시 결국 좋아하는 감정의 연장선이 된다. 대단히 좋아하지는 않더라도 살짝 좋아하는, 할 마음이 있는 것도 중요한 동기가 된다.

어떤 일을 잘하는가,
'칭찬 나열 게임'

어떤 일을 할지 고민하다 보면 좋아하는 일과 잘하는 일 중 어떤 것을 택해야 하는지에 대한 고민이 따라온다. 어떤 일이 우선인지를 고민하기에 앞서, 자신이 정확히 무엇을 좋아하고 무엇을 잘하는지를 먼저 파악해야 한다. 잘한다고 말할 만한 게 없거나 특기에 쓸 게 없어서 막막하게 느껴진다면 아래 방법을 따라해 보자.

첫 번째, 사람들에게 들어 본 사소한 칭찬을 나열한다. 부모, 선생님, 친구, 회사 동료, 가게 직원 누구든 상관없다. 딱히 떠오르는 게 없다면 시간을 역으로 회상하며 돌이켜보자. '생각해 보니 이번 달에는 일 처리를 꼼꼼하게 잘했다는 소리를 들었네, 지난달에는 선물을 센스 있게 잘 준비했다는 소리를 들었네.' 등 일주일, 한 달, 1년 순으로 시간을 감으며 연 단위로 기억할 수 있는 과거까지 내려가 보는 것이다. 이 작업은 빠르게 끝내기보단 카페에서 시간을 갖고 여유롭게 커피를 즐기며 '칭찬 나열 게임 대회'에 임한다는 마음가짐으로 회상해 보는 것을 추천한다. 제한 없이 나열하되, 세분화를 할 때는 외모에 대한 칭찬보다는 성격, 성향, 행동, 대인 관계, 협업, 업무 역량 등과 관련된 내용이면 더 좋다. 아래에 구체적인 예시를 나열했으니 본인이 들었던 칭찬이 있는지 유심히 살펴보자.

분석을 잘한다. 창의적이다. 정리를 잘한다. 꼼꼼하다. 추진력이 있다. 책임감이 강하다. 친화력이 좋다. 논리적이다. 색감이 좋다. 디자인 감각이 있다. 포커페이스다. 열정적이다. 세심하다. 체력이 좋다. 예민하지 않다. 성실하다. 깔끔하다. 협업이 잘된다. 말귀를 잘 알아듣는다. 빠릿빠릿하다. 배려를 잘한다. 경청한다. 말을 잘한다. 예의가 바르다. 눈치 빠르다. 상식이 풍부하다. 다정다감하다. 감수성이 풍부하다. 센스 있다. 끈기 있다. 리더십 있다. 상황 판단력이 빠르다. 엑셀을 잘한다. 기계를 잘 다룬다. 손재주가 있다

칭찬을 들을 수 있는 영역은 다양하다. 업무 진행 시 보인 부분, 패션, 말투, 선물, 행동, 습관 등 다양한 가능성을 열어 두고 찾아보자. 남들에게 보이는 장점은 흔치 않고, 한국은 칭찬을 많이 하지 않는 문화이다 보니 그동안 칭찬을 들은 적이 없다고 생각할 수도 있다. 하지만 그것은 당신이 칭찬을 들을 만한 행동을 하지 않았기 때문이 아니라, 근처에 칭찬을 잘 해 주는 사람이 없었을 확률이 높다. 뭐든 해 본 사람이 하는 것인 만큼 칭찬도 잘 하는 사람이 따로 있다. 지금부터라도 먼저 칭찬을 많이 해 주는 사람이 되어 보자. 사람들의 사소함에 감사함을 표현하다 보면 당신에게도 칭찬을 해 주는 이들이

늘어날 것이다.

두 번째, 사소한 것이라도 좋으니 스스로 생각했을 때 잘한다고 말할 만한 것이 있다면 나열해 본다. 대단히 잘하는 게 아니더라도 '이런 일을 시키면 어느 정도 한다는 소리를 들을 수 있어!' 정도면 충분하다. 방 정리를 잘한다, 요리를 잘한다, 다림질을 깔끔하게 잘한다 등 업무와 관련이 없어도 좋다. 친구들과 장난치며 "나 이거 잘해~"라고 가볍게 말했던 것도 좋고, 결과물을 냈을 때 어느 정도 만족했던 것이면 충분하다. 일단 직업을 찾는 과정이라는 생각은 잊고 사소한 것들을 다 끄집어내 보자.

이런 이야기를 꺼내면 종종 '학교 성적도 안 좋았는데 무슨 잘하는 게 있겠어?'라고 생각하는 이들이 있다. 그런데 학교 성적, 자격증 시험에서 높은 점수를 받는 것과 실전에서 무언가를 할 때 잘하는 것은 전혀 다른 이야기다. 시험에서 중요하게 여기는 건 응시자의 자질이 아니다. 단지 응시자를 서열화 할 수 있게끔 만든 기준일 뿐이다. 그러다 보니 시험 항목은 그 일을 잘하고 못하는 역량보다는, 이 지식을 아느냐 모르냐의 차원이 많다. 공무원 시험에 합격했다고 해당 직무를 더 잘하는 사람은 아닌 것과 같다. 학벌, 성적이 좋아야 잘하는 것이 많은 건 아니니 괜히 주눅 들지 말고 자신의 장점을 유심히 찾아보자.

자신이 잘하는 것을 파악하고 나면 힘든 일이 생겨도 잘하는 일을 더 잘해 내기 위해 버틸 수 있는 힘이 생긴다. 자신에 대해 잘 알게 되니 커리어에도 큰 도움이 된다. 다만 잘하는 건 줄 알았는데 하다 보니 잘 못하는 순간을 경험하면 자책을 하게 된다. 그것은 피겨 스케이팅에 잠재력을 가지고 있으면서 스피드 스케이팅만을 해 보곤 못했다고 자책한 것인지도 모른다. 즉, 장점의 영역을 아직 더 구체적으로 파악하지 못해서 자책한 것일 수 있다. 그런 경우 영역을 조금만 바꿔 보면 훨씬 더 잘 하는 분야를 찾게 된다. 맞는 리더를 만나느냐, 맞는 업무를 만나느냐도 같은 맥락이다. 또한 잘하는 수준이지만 그 한계를 넘어서는 과정에서 단점을 느낀 것일 수 있으니 너무 자책하고 포기해 버리지 말자.

더불어 시험을 준비할까 고민이라면 사람에 따라 시험도 자신에게 맞는 유형이 있다는 걸 참고하자. 응답 방식에 따라 객관식, 주관식, 서술형, 논술형, 듣기, 말하기, 쓰기, 읽기 등 다양한 방식이 있고, 사람마다 그중 잘하는 영역과 못하는 영역이 있기 마련이다. 이러한 이유로 대학 입시 점수와 공무원 시험 합격은 전혀 별개인 경우도 많다. 자신이 잘 해낼 수 있는 시험 유형을 활용하면 남들보다 좀 더 쉽게 합격할 수 있다. 잘하는 것을 더 잘하기 위해 자신의 영역을 어떻게 정의하고 집중할 것인지는 자신에게 달렸다.

나는 개인적으로 발표를 잘하는 편이고, 글을 문학적으로 쓰진 못하지만 빠르고 쉽게 읽을 수 있도록 쓰는 편이다. 아이디어가 많고 실천을 잘한다. 반면 꼼꼼하지 못하고, 숫자를 잘 기억하지 못하고, 짧은 글로 정리하는 것에 약하다. 이렇게 장단점을 파악하며 나에게 맞는 활동을 했고, 그것에 에너지를 집중하게 되어 조금씩 성과물을 낼 수 있었다.

세 번째, 1번과 2번의 공통점을 찾는다. 남들도 잘한다고 말해 주고, 스스로도 잘하는 것 같다고 느끼는 것을 찾아서 그 역량을 높일 수 있는 활동을 적극적으로 실행해 보자. 공통점을 찾기 힘들다면 더욱 여러 가지 도전을 통해 공통점을 도출해야 한다. 도전에는 아르바이트, 공모전, 책 읽기, 강연, 동아리, 스터디, 글쓰기 등 다양한 방법이 있다. 요즘에는 관심사별 네이버 카페, 밴드 내에서 소모임을 하거나 크리에이터 클럽 등의 사이트를 통한 소모임이 매우 활성화되어 있다. 공통 관심사를 가진 이들과 모이는 활동을 하다 보면 그 안에서 본인이 총무 역할이 편한지, 리더 역할이 편한지, 서포트하는 게 편한지 등을 알 수 있다. 본인이 더 편하게 느끼고 잘할 수 있는 분야를 찾아볼 수 있는 기회인 것이다. 책을 읽더라도 그냥 읽지 말고 독후감을 남기거나 읽은 책 리스트를 만들어 보는 것도 좋다.

더불어 새로운 사람을 만나는 시간도 중요하다. 외부 모임에 참석하기가 여의치 않다면, 회사 내에서라도 친하지 않던 이들과 시간을 가져 보자. 다른 부서 사람과 함께 식사를 할 일이 생겼을 때 부담스러워하기보단 상대방의 이야기를 적극적으로 경청해 보자. 그러다 보면 '이 사람은 나와 다른 관점에서 보네.'라는 걸 느낄 수 있다.

나는 다른 부서의 임원과 식사를 하러 가는 길에 우연히 사거리에서 건널목 신호를 기다리게 된 적이 있다. 당시 왼쪽 건널목의 신호가 먼저 바뀔 거라고 얘기를 해 줬더니 그 임원이 매우 신기하게 여겼다. 그저 자동차 신호는 직진 후 좌회전이니 지금 신호를 보면 이쪽 건널목의 신호가 먼저 바뀔 거라고 말했던 것뿐인데, 그분께서는 처음 들어 보는 방식이라며 나를 매우 똑똑한 사람인 것처럼 칭찬해 주셨다. 그 임원은 국내 최고 엘리트 코스를 밟아 온 분이었는데, 그런 분이 일개 팀원인 나에게 칭찬을 해 주신다는 게 너무 신기했다.

이처럼 자신은 당연히 느끼고 생각하며 행동하는 것도 다른 사람이 보면 매우 뛰어난 재주로 보일 수 있다. 이것은 다른 이들과 함께 시간을 보내 봐야 발견할 수 있는 재주다. 그게 무슨 소용이냐고 생각할 수도 있지만, 이런 사례가 모이면 상당히 좋은 스토리가 된다. 가령 신입이 자기소개서를 써야 하는 상황이라면 '저는 상황 판단력이 뛰어나다는 소리를 자주 듣곤 합니다. 사거리 신호등에서 어떤 신호가 먼저 바뀔지를 파악하고 빠른 길을 찾기도 하고, 어떤 일이든 전체 프로세스를 그려 보며 현재로서 수행할 수 있는 최선의 대안을 도출하곤 합니다.'라는 식으로 본인의 특성을 어필할 수 있다.

또 다른 예로 처음 만나는 이들과 식사를 하러 갔는데 결정을 잘 못 내리는 상대방이 "음식 메뉴를 잘 고르시네요."라고 말했다면 그것조차 장점 하나가 될 수 있다. 의견이 명확한 사람이라는 특성으로 연결할 수 있기 때문이다. 또는 지도를 보고 길을 잘 찾아가는 것이 자신에겐 당연한 부분이었는데, 길치인 다른 사람과 함께 있다면 매우 돋보이는 능력이라며 칭찬을 듣기도 한다. 이는 방향감각이 좋고, 새로운 곳에서도 지도를 보며 길을 만들어 가는 도전 정신이 있다는 측면으로 발전시켜서 자신만의 사례를 더 찾게 해 주는 팁이 될 수도 있다.

이처럼 작은 발견에서 자신의 특징을 찾아 구체화하는 과정이 필요하고, 그 출발점에서는 새로운 만남이 큰 도움이 된다. 늘 만나던 사람들끼리는 항상 반복했던 대화 주제나 공통 관심사가 있기 때문에 서로의 새로운 면을 발견하는 게 생각보다 드문 편이다. 그러니 불편하더라도 새로운 만남을 만들어 다양한 주제로 대화를 나눠 보자. 사소한 한두 개의 사례가 모이면 자신이 어떤 특징을 가졌는지 가설을 세울 수 있고, 그게 물꼬를 트게 해 주어 장점을 더 신경 써서 찾을 수 있게 된다.

잘하는 것 중 업무와 관련된 점을 찾기가 너무 힘들다면 일상의 특징을 구체화해 보는 것도 힌트가 될 수 있다. 예를 들어 정리를 잘하고 꼼꼼한 편이라면 일을 할 때에도 이력 관리, 폴더 정리를 깔끔하게 잘한다는 것을 특징으로 어필할 수 있다. 이런 장점이 유용하게 쓰일 만한 직업을 찾아보면 도서관 사서, 총무 팀 직원 등과 같은 직업이 있을 것이다.

지금 당장 잘하는 일을 찾기 어렵다는 이유로 일찍 포기해 버리지 말자. 인생은 결국 자신을 발견해 나가는 여정이다. 삶을 '내 안에 있는 잠재력을 하나씩 일깨우고 발전해 나가는 과정'으로 대할 때, 훨씬 많은 충족감을 느끼고 공동체에 더 많이 기여하며 보람 있는 삶을 살 수 있다. 먹고살기 바쁜 하루를 사는 많은 이들은 자신이 무엇을 잘하고, 뭘 좋아하고, 뭘 하고 싶어 하는지 잘 모르는 채로 살아간다. 하지만 타고난 장점을 활용하지 않는 것이야 말로 정말 큰 낭비일 것이다.

대부분의 장점은 한 번에 발견되는 것이 아니라 이리저리 부딪치다 보면 파악할 수 있는 것이다. "저는 잘하는 게 없는 것 같아요."라던 이들도 오랜 시간 깊이 있는 대화를 나누다 보면 "아, 내가 그런 걸 잘했나?" 하고 장점을 발견하곤 했다. 당연시 여긴 것을 다른 관점에서 발견해 주는 사람을 만나게 된다면 새로운 자신의 모습을 발견할 수 있다.

그러니 이 이야기를 가볍게 읽고 넘겨 버리지 말고 직접 찾는 노력의 시간을 들여 보자. 잘하는 일, 좋아하는 일, 하고 싶은 일을 찾는 작업은 지속 가능성의 측면에서 매우 큰 영향을 미친다. 잘한다는 칭찬을 듣는 것에 더불어 '아, 내가 이걸 좀 잘하네?'라는 자기효능감이 생기기 때문에 계속해서 일을 반복해 나갈 힘이 생긴다.

나는 유튜브를 시작하기 전, 말을 잘한다는 칭찬을 지나치듯 몇 번 들어 봤다. 그런데 사무직 직장인으로서 말재주를 살릴 일은 전혀 없었다. 오히려 '말을 대단히 잘하는 것도 아니고, 대변인이 될 만한 스펙을 갖춘 것도 아닌데… 정말 어설픈 재능은 쓸모가 없네.'라고만 생각했다. 그런데 유튜브를 시작한 이후로 댓글에 '말씀을 정말 잘하시네요. 신뢰가 가는 목소리예요.' 등의 댓글을 보고 힘이 나기 시작했다.

그런 댓글을 보며 힘을 얻어 계속한 덕분에 협찬 광고들도 찍게 되었고, 이렇게 책도 쓸 수 있게 되었다. 유튜브가 아니었다면 책을 쓰며 사람들과 소통할 수 있는 기회를 얻지 못했을 것이다. 누군가에게 잘한다는 말들을 듣고, 스스로도 잘한다는 느낌을 받는 것. 내적 동기와 외적 동기를 자극하는 측면이 초반에 뒷받침되어야 오랜 시간 해당 분야에서 노력하는 원동력이 된다. 그러다 보면 내공이 쌓이기 마련이다.

우리는 학교에서, 회사에서 크게 칭찬을 들을 기회가 별로 없었다. 그래서 누군가에게 칭찬을 듣게 되면 "어우, 아니에요."라며 겸손의 미덕을 보여 주기 바쁘다. 누구나 장단점은 있는데도, 스스로의 장단점에 대한 연구를 잘 하지 않았다. 지금부터는 장단점을 잘 아는 것만으로도 큰 변화를 가져올 수 있다는 점을 명심하자.

의미 없는
경력은 없다

많은 직장인들의 꿈은 '돈 많은 백수'다. 그런데 신기하게 돈 많은 이들도 일을 한다. 이들은 일을 통해 결국 자신이 어딘가에 기여하고, 쓰이고 있다는 존재감을 증명하길 원하며 충족감을 추구한다. 사회 구성원으로서 역할을 해내며 소속감을 가지고, 당당해지고자 일을 한다.

일에 찌든 이들이 볼 때 '당장 그만두고 싶은데 뭔 놈의 소속감? 기여하는 느낌이라니, 팔자 좋네!'라는 생각이 들 수 있다. 하지만 냉정하게 생각해 보자. 매일 쇼핑하고 여행하며 사는 것도 좋겠지만 아무런 역할이나 자신을 필요로 하는 사람 없이, 자신이 직접 만들어 내는 결과물도 없이 소비만 하며 산다면 허무한 생각이 들지 않을까? 무기력에 빠지고 삶이 의미 없게 느껴지지 않을까?

일을 하다 보면 이것이 자신에게 득이 되는지도 모르겠고, 소용이 있는 건가 확신이 서지 않는 순간이 있다. 그렇기 때문에 일을 할 때 '결국 나 좋으라고 하는' 면이 있어야 한다. 커리어에 도움이 되니 일해야 하고, 꼬박꼬박 나오는 월급이 필요하니 일해야 하고, 복지가 좋으니 일해야 하고, 더 배우고 성장하기 위해 일해야 하는 것이다. 시간이 지난 후 돌아봤을 때 적어도 '이런 커리어를 남겼네, 이 정도의 돈을 남겼네. 이런 추억을 남겼네.'라는 말을 할 수 있어야 하지 않을까.

퇴사 후에 '내 젊음을 이 회사에 갖다 바쳤는데 남은 게 뭐야!'라고 불만을 토로하는 직원들을 흔히 볼 수 있다. 회사에서 워라밸의 여유를 주지 않았던 탓도 있겠지만, 자신이 조금 더 주체적으로 커리어를 이끌어 나갔다면 바꿀 수 있는 것들도 분명히 존재했을 것이다. 꼭 이직하는 게 아니어도 '회사에서 경영 기획도 배웠고 영업 관리도 배웠네. 시드 머니(Seed Money)도 모았고 기본 지식도 쌓았으니 이제는 내 일을 해 보자!'처럼 발전적인 생각을 할 수 있지 않을까.

골치 아픈 생각 없이 당장 퇴사하고 싶은 이에게는 퇴사 이후에도 일을 고민하라는 말이 와닿지 않을 수 있다. 하지만 100세 인생 시대에 아무런 일을 하지 않고 평생을 보낼 수 있는 사람은 얼마 되지 않는다. 미국에선 빠르게 은퇴하고 가진 돈만으로 여유롭게 살자는 'FIRE(Financial Independence, Retire Early)족'도 있는데, 이를 위해서는 은퇴 전에 20억 원 가량을 모아 둬야 한다고 한다. 20억 원을 버는 것도 불가능해 보이는데 심지어 모아야 한다니, 솔직히 한국에서 저 정도의 금액을 모으는 이는 매우 극소수일 것이다. 그만큼 금수저가 아닌 이상 직장인이든, 자영업이든, 프리랜서든 어떤 형태로는 일을 하면서 살 확률이 높다.

또 돈 때문이 아니어도 퇴직 후에 할 일이 없어서 존재 가치가 사라진 것 같다고 말하는 무기력에 빠진 어른들을 쉽게 찾아볼 수 있다. 퇴사를 겪은 선배들을 보며 미리미리 준비를 해 두자. 지금 하는 일을 대체할 수 있게끔 그 시간을 채울 의미를 찾아 둬야 한다. 그래서 몇몇 노인분들이 돈을 떠나 아이들을 위한 장난감 고쳐 주는 가게를 열기도 하고, 의료 봉사를 하고, 나눔을 실천하는 게 아닐까.

그래도 일을 하고 싶지 않다면? 평생 살아가는 데 드는 비용을 현재 기준으로 환산해서 계산해 보는 것도 자극이 된다. 과소비 없이 의식주만 해결하며 산다고 치더라도 모든 게 비용이다. 자본주의 사회라서 더럽다고 생각할 것도 없다. 음식을 만들고, 집을 유지하고, 옷을 만드는 모든 게 다 노동력이다. 지금 우리가 소비하고 있는 것을 만드는 데도 노동이 들어가 있다. 최소한 그 노동의 가치만큼, 이 사회에 할 수 있는 만큼 기여해야 하지 않을까. 물론 살아가는 것 자체가 대단한 것이며 모든 존재는 의미 있다. 다만 이왕 태어난 거, 우리가 사랑하는 가족들, 지역 사회, 주위 사람들에게 기여하면서 살아 보자. 그러기 위해서는 어떤 형태든 일을 해야 한다. 그 기여가 반드시 돈을 받는 형태의 일일 필요는 없다. 평소엔 자신만을 위한 시간을 보낸다 하더라도 한 가지 정도의 일에서는 작게라도 영향력을 미치는 사람이 되면 주위에도 기여할 수 있으며 스스로의 유능감도 높일 수 있다.

회사에서 보내는 시간을 시간 낭비라고만 생각하지 말자. 당장 그만둔다고 해서 이만큼의 월급을 대체해 주는 곳을 찾는 것도 쉽지 않고, 커리어를 몇 년만 더 채우면 좋은 일자리를 잡아서 훨씬 성장하게 될 수도 있으며, 그만두고 나서 적어도 "나는 몇 년간 이런 업무를 해 봤다."라고 말할 자격이 생긴다. 설령 그 회사 안에서 배운 게 없어 보인다 하더라도 회사 경력만큼 본인의 특성을 명확히 말해 주는 것도 없다.

일이란 하는 것 그 자체로 의미가 있다는 걸 잊지 말자. 이 일을 관둬도 누군가가 금방 대체할 거라는 생각이 들 수 있다. 조직의 관점에서는 맞다. 하지만 중요한 건 자신의 인생에서 주체적으로 무언가 생산적인 것을 해냈다는 것이다. 생산적이라는 것이 반드시 현재 결과로 보이는 것은 아니다. 한 회사에 몇 년간 다니면서도 모아 둔 돈이 없을 때, 과연 그것을 낭비라고만 할 수 있을까? 그동안 번 돈으로 지금까지 의식주를 해결해 왔다. 그 돈이 없었다면 훨씬 더 힘들었으리라. 게다가 그 경험을 가지고 안 좋은 회사와 사람을 가려내는 눈을 가졌고, 자신에게 어떤 게 맞지 않는 회사와 일인지도 알게 됐고, 다음 경력을 선택하는 것에 영향을 미쳤다면 정말 중요하고 생산적인 경험이라고 볼 수 있지 않을까.

사소한 경험을 모아 만든
태산

백지에 불규칙하게 흩뿌려진 점들을 보았을 때 무엇이 떠오르는가? 어쩌면 아무런 의미 없는 점들의 나열로 보일 수도 있다. 그 점을 이어 가는 것은 온전히 당신의 역할이다. 당신의 관점에 따라 흩뿌려진 점을 직선으로 잇거나 고양이, 강아지 같은 귀여운 그림으로 이어 갈 수도 있다. 우리의 인생도 마찬가지다. 당신이 겪은 하나하나의 경험을 선으로 어떻게 이어 가느냐에 따라 미래가 달라진다. 물론 처음부터 어떤 선을 그릴지 세부적으로 정하기란 쉬운 일이 아니다. 직접 부딪치며 경로를 수정해 가야 한다.

스티브 잡스(Steve Jobs)는 "우리의 미래를 알 수 없기에 앞날을 내다보며 점을 연결할 수는 없다. 과거를, 즉 내가 걸어온 길을 돌아봐야 비로소 연결할 수 있다."고 말했다. 이처럼 미래의 일을 하나하나 계획할 수는 없다. 그러니 지금 당장 점들을 선으로 잇지 못한다고 해도 자책할 것 없다. 다만 적어도 어떤 방향을 향해서 선을 뻗고 싶은지는 미리 정해 두는 것이 좋다. 방향성이 없으면 원하지 않던 길로 가 버릴 수 있다. 인천국제공항에서 도보 여행을 떠나 제주도까지 가고 싶었는데, 어쩌다 보니 강원도에 도착해 있다면? 제주도까지 다시 가는 길이 더 힘들어지리라. 잘못 왔다는 걸 깨닫고 난 뒤 다시 떠날 체력과 시간도 남아 있어야 한다.

우리 삶의 지도에 동서남북 명확한 방향이 나와 있지는 않다. 하지만 많은 사람들이 추구하는 가치인 '돈, 가족, 건강, 여유, 발전, 성공, 명예, 권력, 안정, 도전, 나눔' 등의 대표적인 키워드를 보며 어떤 삶이 가장 부럽고 닮고 싶은지 생각해 보자. 그러나 이때에도 잠시 부러움을 느끼는 배 아픈 감정과 진심으로 선망하고 부러워하는 감정을 헷갈려서는 안 된다. 진정 바라는 모습이라면 그 이면의 단점까지도 받아들일 수 있어야 한다. 사람은 계속해서 더 큰 만족을 바라고, 현 상황에 대한 불만을 떠올리게 된다. 그렇기 때문에 지속적으로 추구하는 방향성이 있을 때 더 건강한 상태를 유지할 수 있다.

참고로 나는 사소한 경험들(점)을 어떻게 커리어(선)로 이어 가고 있는지 말씀드리고자 한다. 나는 어릴 때 기자나 피디가 되고 싶었다. 당시 자주 접했던 게 텔레비전이었고, 그런 일이 멋있어 보였기 때문이다. 그래서 학생 때 여러 신문사의 명예 기자 활동을 했다. 초등학생 때는 학교에서 가위바위보에 이겨 소년조선일보의 명예 기자가 되었고, 고등학생 땐 한 시사 잡지 기자분이 선생님께 "학생들 중에 명예 기자 할 만한 애들 없나요?" 하고 물어본 덕에 추천을 받아 기회를 얻었다. 인생은 운칠기삼(運七技三)이라고, 이런 우연한 기회들이 아니었다면 명예 기자를 하기도 힘들었으리라. 뭐든 경력이 있는 사람을 선호하다 보니 대학생 때도 일간지와 스포츠신문, 대기업 등에서 명예 기자를 했다. 취재를 하고 기사를 쓰는 일은 참 재미있었고, 처음 내 사진과 함께 기사가 나왔을 때는 뭐라도 해낸 듯 정말 뿌듯했다.

그런데 막상 기자 선배들은 하나같이 이렇게 말했다. "기자는 하지 마. 레드 오션인 데다가 야근이랑 주말 근무가 많아서 정말 안 좋아." 그들이 기자가 되고 싶다는 내게 진심으로 해 준 충고를 듣고 고민에 빠졌다. '언론인이 되고 싶다는 마음은 있지만, 내 시간 없이 살아도 행복할까? 저런 업무를 버틸 체력이 되나? 나는 아이도 낳고 싶고 육아를 하더라도 일도 계속하고 싶은데, 어떻게 해야 하나?'

그래서 방향을 바꿨다. 명예 기자 경험을 살려 방송국, 기업체들이 모집하는 대학생 홍보 대사, 대학생 마케터에 지원했다. 그렇게 기업체와 마케팅 분야를 겪으며 매력을 느꼈고, 취업도 마케팅 분야로 하게 됐다. 학생 때 NGO(Non-Governmental Organization)나 정부 활동도 해 봤는데, 대의명분은 좋으나 한 개인이 변화를 만들어 내기는 힘든 곳이었다. 반면 마케팅은 마케터가 어떻게 하느냐에 따라 결과가 달라진다는 점이 큰 매력으로 느껴졌다.

여전히 다른 직무보다는 마케팅을 좋아하지만, 사실 궁극적으로 이루고 싶은 꿈은 전문 강사가 되어 지식과 경험을 전파하고 타인에게 영감을 주는 사람이 되는 것이다. 그것은 20대에 가지게 된 막연한 꿈이었다. 나 역시 그런 이들을 보며 도움을 받았고, 잘할 수 있지 않을까 생각했기 때문이다. 이 꿈을 위해 회사에서 일하며 마케터로 전문성을 쌓아 강의를 하는 방안도 찾아보았지만, 그런 사례는 극히 드물다는 걸 알게 됐다. 그렇다면 마케팅을 하면서 회사 일과는 별개로 강사가 되려면 어떻게 해야 할까. 생각만 많은 상태로 월급이라는 마약을 맞으며 7~8년을 회사원으로 지냈다.

그러다가 출산 휴가 기간에 아이를 안고 재우며 블로그에 올린 육아 글이 네이버 메인에 소개되었다. 이후 네이버 메인에 매주 글을 연재하며 빠른 속도로 파워 블로거가 됐다. 그동안 해 왔던 명예 기자 경험과 호기심을 가지고 세상을 바라보는 관점이 도움이 된 것이다. 덕분에 글을 모아 육아 책을 쓰게 되었으며 책을 계기로 종종 강의도 나가게 됐다. 블로그 덕분에 유튜브에도 관심을 갖게 되었고, 이를 통해 경험과 노하우를 나누는 일종의 강사가 됐다. 유튜브에서 소재로 활용하는 직장 생활, 돈 관리, 멘탈 관리라는 주제는 모두 그동안 직접 경험하며 터득한 것들이었다. 구질구질했던 경험들이 내 꿈에 가까워질 수 있게 도와준 셈이다.

나는 여전히 꿈을 향해 달려가는 중이다. 그래서 앞으로도 할 일이 많다. 하지만 사람이 꿈만 먹고 살 순 없다. 나와 가족을 부양하기 위해 회사원으로서 업무를 해내는 것에도 충실하고 있다. 물론 앞으로 나 자신이 어떻게 바뀔지, 이어 가는 선이 어떻게 될지는 모르겠다. 다만 추구하는 방향을 찾기 위해 오랜 시간 고군분투하며 치열하게 고민했고, 끝내 그 방향을 찾은 것에 감사한다. 방향을 찾았어도 꿈을 향해 나아가는 길이 결코 호락호락하진 않아 보이지만, 내가 찾은 나의 방향이기에 꾸준히 정진해 나가려고 한다.

모든 꿈은 현재 진행형이다. 고민거리는 계속해서 생기고, 새로운 목표도 계속해서 생긴다. 이처럼 다른 사람들은 어떻게 경험을 커리어로, 스토리로 만들어 가는지 관심을 가져 보자. 그러면 자신의 꿈을 찾는 데도 도움이 될 것이다.

요즘 많은 이들이 도태되지 않고 성장하려 노력한다. 이직을 하고, 대학원에 가고, 자격증을 따고, 학원에 다닌다. 중요한 것은 점을 찍는 사람도 나고, 선을 그리는 사람도 나라는 점이다. 가고 싶은 이상이 너무 먼 곳에 있어서 다른 점을 찍기 어렵다고 일찍 포기해 버리지 말자. 주위에 있는 가능성을 보고 일단 가까운 곳부터 점을 찍어 가자. 점을 찍으며 조금씩 선을 잇다 보면 가고자 하는 목적지에 가까워질 수 있다. 목적이 중요하니 과정은 무시하라는 것은 아니다. 그 과정을 즐기되, 후회하지 않게끔 주도적으로 선을 그려 가길 바랄 뿐이다. 직선이든 곡선이든 굵은 선이든 얇은 선이든 점선이든 실선이든 간에, 중요한 건 그 여정을 즐기는 태도와 가고 싶은 방향으로 이끌어 가는 의지다.

전문가가 아니어도 강의하는 시대

이제는 전문가가 아니어도 강의를 하는 시대가 됐다. 온오프라인 강의를 통해 자신만의 브랜드를 키워 보자. 포트폴리오를 만들다 보면 점차 자신만의 브랜드를 구축할 수 있다.

블로그, 책 등으로 인지도를 쌓다 보면 오프라인 강의 요청이 들어온다. 또한 직접 블로그 등을 통해 강의를 개설하기도 하고 클래스 101, 크몽, 탈잉 등의 사이트에서 개설을 하기도 한다. 처음에는 소규모 강의로 시작할 확률이 높으니 무대 울렁증을 지나치게 걱정하진 않아도 좋다. 다만 직접 대면해서 강의하는 것은 순발력과 전달력이 중요하니 미리 훈련을 해 두도록 하자. 어떤 강의든 강사가 누구냐에 따라 만족도와 배움의 차이가 확 달라진다. 자신이 좋은 강사가 될 자격을 갖추었는지에 대한 문제는 일에 대한 전문성, 깊이와는 별개의 것이다. 그만큼 전문성을 갖춘 전문가의 강의보다 일반인인 당신이 실력을 높인 경험담을 알려 주는 강의가 더 많은 공감대를 일으켜 청중에게 통할 수 있다.

예전에는 기업에서 전문 강사를 고용해 사내 강의를 하는 경우가 많았지만 최근에는 온라인 교육으로 많이 대체되고 있어서 일거리 자체가 줄어들고 있다. 반면 개인이 직접 돈을 내고 여가, 취미 클래스를 듣는 시장이 형성되고 있다. 그래서 전문가가 아니라 하더라도 소규모 오프라인 클래스를 공략하는 것도 방법이다. 일회성 수업도 있고, 몇 주간 하는 코스 수업도 있고, 아예 코칭이나 상담까지 겸비하는 수업도 있다. 일단 일회성으로 시작해서 더 자세한 내용을 알고 싶어 하는 수강생의 니즈가 보이면 자세한 수업을 기획하면 된다.

한편 유튜브 등의 무료 온라인 플랫폼이 발전했지만, 그만큼 유료로 돈을 지불하고 보는 유료 온라인 사이트와 어플 시장도 성장하고 있다. 유튜브에서는 조회 수 100회에 100원을 버는 정도지만, 1만 원 정도의 유료 강의는 열 명만 결제해도 10만 원을 벌 수 있다. 그러니 돈을 벌고자 한다면 결제할 만한 가치가 있는 정보로 온라인 유료 강의를 준비해 보는 것도 방법이다. 사람들에게 이런 유료 강의가 있다는 걸 홍보하기 위해서는 본인이 운영하는 온라인 매체에 맛보기 수준으로 보여 줄 필요가 있다.

온라인 강의는 오프라인 강의와 달리 편집을 하며 본인이 원하는 말만 할 수 있고, 한 번 찍어 두면 지속적으로 매출이 발생한다는 큰 장점이 있다. 다만 소비자의 지갑을 열게 하는 것은 결코 쉽지 않을 것이다. 이런 걸 유료로 판매하느냐는 피드백을 듣고 싶지 않다면 온라인 강의만큼은 철저하게 준비하라고 말하고 싶다. 완벽을 위해 미루기만 하라는 것이 아니라, 짧더라도 알차고 도움이 되는 내용이어야 한다는 말이다. 당신이 몇 년간 일해 온 전문가로서 강의하는 것이 아닌 이상, 수강생들 역시 깊이 있는 강의보다는 초보자도 이해할 수 있고 공감할 수 있는 강의를 원할 확률이 높다. 그렇다면 당신이 가장 잘 공감하며 쉽게 설명할 수 있는 타깃, 상황을 고르자. 당신은 비록 전문가가 아니지만, 그것을 오히려 장점으로 활용할 수 있다. 일반인이 어려워하는 부분을 긁어 주며 더 공감 가는 내용으로 설명해 주고 유익한 정보를 제공하는 데 집중하자.

지금, 당신을 업그레이드하시겠습니까?

책장을 덮기 전 독자들께서는 아래 글을 한번 읽어 보길 바란다.

직장에서 남들이 말하는 성공을 들으며 괴리감을 느끼기보다는, 내가 원하는 성장에 집중하자. (챕터1) 지금 눈앞에 보이는 작은 이익보다는 내공을 쌓으며 가능성을 키우자. (챕터2) 성장의 기본은 탄탄한 멘탈로, 마음에도 근육을 키우는 트레이닝이 필요하다.(챕터3) 직장에선 적을 만들지 않기 위한 관계 기술을 익혀둬야 한다. (챕터4) 인정받고 싶다면 직장에서 필요한 기본 역량을 키우자. (챕터5) 성장에는 방향성이 중요하니 커리어 플래닝을 해 두고 (챕터6) 나는 어떤 사람인지 탐구하며 성장해 가자. (챕터7)

물론 업무에 치이다 보면 성장한다는 느낌을 받기도, 커리어 방향을 잡기도 정말 쉽지 않다. 하지만 하루하루의 스트레스에서 회복하고 성장해 나갈 방향을 잡는 건 스스로가 아니라면 누구도 대신 해줄 수 없는 영역이다. 내가 치열하게 고민하고 직접 만들어 가는 만큼 더 의미 있고 값진 일 아닐까. 목적이 중요하니 과정을 무시하라는 것은 아니다. 과정을 즐기되 후회하지 않게끔 주도적으로 커리어를 만들어 나가길 바란다. 커리어의 출발점과 종료 지점을 선으로 연결해 보았을 때 쭉 뻗어 가는 직선이든, 꼬여 있는 곡선이든, 굵은 선이든, 얇은 선이든 중요한 건 그 여정을 즐기는 태도와 가고 싶은 방향으로 이끌어 가는 의지다.

인생은 길고 핸들을 잡은 건 당신이다. 어떤 방향으로 살아가고 싶은지는 온전히 당신의 선택이다. 남들과 비교하고, 상황을 탓하고, 안 될 거라 포기하고, 현실에서 도피한 채로 살아가도 나중에 아쉬움이 없을까? 어제의 나와 비교하고, 어려운 상황 속에서도 할 수 있는 것을 찾고, 될 거라고 나 자신을 믿고, 현실을 인정하고 방법을 찾으며 살아가 보는 건 어떨까? 가상 현실 속 게임 캐릭터가 성장하는 재미보다 현실의 내가 성장하는 진짜 재미를 느껴 보자. 살아가다 보면 생각보다 기회는 많이 오지만 내가 준비되어 있어야만 잡을 수 있다. 준비가 되어 있지 않으면 기회가 온 것조차 모르고 지나갈 수밖에 없다.

어떤 분야에서 성장했을 때 효용 가치의 크고 작음은 사람마다 다르다. 나의 시아버님 이근호 선생께서 돌아가시기 전 남긴 유언이 있다. "가슴속 뜨거운 무언가가 있으면 삶은 충분히 살아갈 만하다." 당신의 가슴 속엔 어떤 뜨거운 것이 있는가? 회사를 다니며 열정이 식었다고 느낀다면 가슴 뛰는 한 가지를 찾아보자. 우리의 삶은 랜덤박스와 같아서 어떤 기쁨과 즐거움이 있을지는 겪어 봐야 안다. 이 책을 바탕으로 나에게 투자하고 나를 발견해 가는 것부터 실천해 보자.

　마지막으로 이 책이 있기까지 많은 힘이 되어 주고 영감을 주신 분들께 인사를 남긴다. 이웅수, 이우영, 권영란, 김상배, 송정애, 故이근호, 김민희, 김건희, 윤하진, 김혜원, 이지용, 한다정, 권유철, 故이신득, 서복례, 이영이, 이윤이, 이민이, 왕윤선, 서선주, 최은희, 이영미, 양정휴, 임동진, 조해자, 김형권, 윤현정, 박용주, 박선정, 김정아, 김새라, 신상욱, 김남수, 변준호, 최원영, 박지숙, 황재혁, 곽민정, 황현진, 김유라, 그리고 박종우(호칭 생략)께 진심으로 감사드린다.

일과 삶, 직장 생활을 업그레이드하는 성장의 기술
업글 인간

초판 1쇄 인쇄 2019년 12월 16일
초판 1쇄 발행 2019년 12월 26일

지은이 김민지
펴낸이 안종남

펴낸 곳 지식인하우스
출판등록 2011년 3월 31일 제 2011-000058호
주소 04035 서울시 마포구 양화로7길 55(서교동) 신양빌딩 201호
전화 02)6082-1070
팩스 02)6082-1035
전자우편 book@jsinbook.com
블로그 blog.naver.com/jsinbook
페이스북 facebook.com/jsinbook
인스타그램 @jsinbook

ISBN 979-11-85959-98-6 03190